创新者策略

破坏与反破坏之道

INNOVATOR'S STRATEGY

邓中华◎著

中华工商联合出版社

图书在版编目（CIP）数据

创新者策略 / 邓中华著. -- 北京：中华工商联合出版社, 2024.10. -- ISBN 978-7-5158-4116-8

Ⅰ. F273.1

中国国家版本馆 CIP 数据核字第 2024FZ9543 号

创新者策略

| 作　　者：邓中华
| 出 品 人：刘　刚
| 责任编辑：吴建新　关山美
| 装帧设计：北京任燕飞图文设计工作室
| 责任审读：付德华
| 责任印制：陈德松
| 出版发行：中华工商联合出版社有限责任公司
| 印　　刷：三河市宏盛印务有限公司
| 版　　次：2025 年 1 月第 1 版
| 印　　次：2025 年 1 月第 1 次印刷
| 开　　本：710mm*1000mm　1/16
| 字　　数：200 千字
| 印　　张：13.25
| 书　　号：ISBN 978－7－5158－4116－8
| 定　　价：68.00 元

服务热线：010－58301130－0（前台）

销售热线：010－58301132（发行部）
　　　　　010－58302977（网络部）
　　　　　010－58302837（馆配部）
　　　　　010－58302813（团购部）

地址邮编：北京市西城区西环广场A座
　　　　　19－20层，100044

http://www.chgslcbs.cn

投稿热线：010－58302907（总编室）

投稿邮箱：1621239583@qq.com

工商联版图书

版权所有　侵权必究

凡本社图书出现印装质量问题，请与印务部联系。

联系电话：010－58302915

目录 CONTENTS

导论　为创新的破坏性分类、分级 001

第一章 创新是极高明的竞争策略 001
　　全面竞争管理 003
　　竞争的六个基本要素 004
　　试验期：百家争鸣，派系林立 010
　　确立期：众望所归，跑马圈地 011
　　成熟期：马太效应，边缘星火 013
　　变革期：战略转折，大而易倒 014
　　破坏性的六个维度 015

第二章 发明型创新：性能跳跃者崛起 017
　　蒸汽机：从马力的替代者到工业化引擎 020
　　电子计算机：跨越三个世纪的进化 022

新发明：需求、知识与灵感 025

发明型创新的五大挑战 030

说服顾客的阶段性策略 038

创新者的比赛：锚定顾客，而非对手 041

新旧之争：彻底替代，较少对抗 043

3 第三章 渐进式创新：领先者的主场 045

改善的十个方面 047

领先企业的五种优势 049

非头部企业的对策：差异化 054

警惕渐进式创新陷"窘境" 056

4 第四章 市场创新：顾客侧的新组合 061

市场创新的四条路径 063

重新定义"谁是我的顾客" 064

与顾客的新沟通 066

重设价值交付模式 068

再造商业模式 070

5 第五章 结构性创新：变非顾客为顾客 071

成为非顾客的原因 074

领先企业为何排斥非顾客 075

路径一：以"不正宗"奔向蓝海 077

路径二：以"反常识"开辟"新大陆" 081

目录 Contents

路径三:"低等品"丑小鸭变黑天鹅 084
创新者的五点注意 087
八个不对称与逆袭的发生 089
对策:自组织驱动的二元组织 093

6 第六章 模块化创新:核心组件焕新 097
关键组件汰旧换新 099
创新者须先明确定位 101
赢得竞争的五个挑战 102
在位企业为何"让"出机会 105
旧势力如何跟上新时代 108

7 第七章 重新发明型创新:速败头部企业 111
何谓重新发明 113
超强破坏性的根源 115
重新发明六步骤 117
RIM,智能手机发明者的"高台跳水" 118
应对错谬:从差异化错觉到战略迷失 124
对策:反颠覆五原则 131

8 第八章 创新看板:全面洞悉企业的竞争态势 139
不存在"一招鲜,吃遍天"的创新策略 141
创新类型不同,破坏性有别 144
反破坏策略切忌张冠李戴 147

　　　　　　用创新看板管理好企业的创新战略 150

第九章 组织变革：分享创新红利，激活内部创新 155
　　　战略转型不是易事 157
　　　科层制是效率的蒸汽机 160
　　　大企业的创新失灵 163
　　　激活内部创新三部曲 170
　　　生态型企业的四个多样化 176

第十章 创新者的执念 179
　　　一门心思打败"老大哥" 181
　　　言必称颠覆 182
　　　"我创造，故我在" 183
　　　融资就是胜利 186
　　　非高端，不创新 188
　　　原创才是创新 189
　　　"理性的白痴"与创新功利化 192

参考资料 195

导论　为创新的破坏性分类、分级

近年来，破坏性创新（Disruptive Innovation，早期曾译为颠覆式创新）理论在企业界、创投界风头无两。然而，盛名却为它带来了烦恼。第一，严肃的理论都有具体的适用情境和条件，避免成为万金油，但破坏性创新已然成了"包治百病"的灵丹妙药。只要一项创新搅动了产业，冲击了业内大企业，一概归于破坏性创新。第二，它的初始模型迅速风行，使二十年里的修正与完善鲜为人知，因此，如今仍有一些批评指斥的是研究者早已解决的问题。第三，一些企业不辨莠麦地应用它，不仅无益，反而有害。柯达在衰退中自救，黑莓反击 iPhone，都曾遵循破坏性创新理论的产品策略、组织策略，不但未能奏效，反而加速了失败。

诸多的误读错用，让理论的创立者、哈佛大学教授克莱顿·克里斯坦森（Clayton Christensen）深感不安。尽管罹患癌症，他仍撰写了长文《什么是破坏性创新》（What Is Disruptive Innovation?）来正视听，并在受访时坦言当初选了"一个错误的词来定义和概括"这个理论。

一部文艺作品，出现"一千个读者，一千个哈姆雷特"的现象，不足为奇。但一个企业创新理论，成了包罗万象的箩筐，实属不幸。不得不说，"破坏性"一词对此的确"功不可没"。一方面，它戳中了人们的英雄情结，以小博大、以弱胜强、以迂为直的故事流传千古，甚得创新者、创业者的欢心；另一方面，大多数在位企业对颠覆性的威胁十分敏感。因此，破坏性创新狂热，尽是少数咨询顾问、培训师、商业作家随心所欲甚至处心积虑贩卖焦虑的结果。

不过，这也反映出创新的理论、研究成果不敷企业所用。

除旧布新现象早已有之，"创造性破坏"术语的提出，也已好几十年的光景，为何破坏性创新理论一枝独秀？因为学界对"创造性"的钻研多，对"破坏"的深究少。网约车冲击传统出租车业，微信侵蚀短信、电话业务，智能手机替代功能机，新能源汽车崛起，ChatGPT碾压搜索引擎……这些案例，无论理论，还是对策，都迥异于破坏性创新，或通通装入其中，或冠之以"突破性创新""革命性创新"等语焉不详的概念，实务人员实在是难得要领。因此，聚焦创新的破坏性，依据破坏力对创新分类、分级，很有必要。

虽然本书并非正统的学术研究，但思考、结论都力图严谨：第一，从学术论文，商业大众出版物，媒体报道中搜索、筛选、吸收有价值的洞见、理论、知识和案例；第二，为减少信息泡沫、噪音的干扰，尽可能少选择当下正推进的案例；第三，对经典案例的解读，尽力做到交叉印证，先看百家之言，择善而从，不善则改，出新而不刻意。

创新分类，并不鲜见。有一个经典四分法框架，于此目的最为契合。该分类法以产品的组件科技、结构知识为纵横轴，以变与不变做区分。

渐进式创新：产品结构基本稳定，组件科技不变，以改善为主旨，充分发挥已经验证的技术路线的潜力，通常表现为加强现有公司的优势。

模块化创新：产品结构不变，组件科技全面换新。

结构性创新：组件科技无须新的突破，但产品结构重构，会造成在位企业失败的风险。

突破性创新：组件科技和产品结构都大为不同，一般会开拓全新的市场，产生一系列潜在的应用。

在此基础上，本书向前迈了一小步。

导论
Introduction

第一，将突破性创新分为发明型创新和重新发明型创新。突破性创新，用新的技术、新的产品架构，创造新的事物，具有被替代者无法企及的性能飞跃优势。发明型创新和重新发明型创新的关键差异是，前者以新发明为中心，是全新的产品概念，扩散慢；而重新发明型创新是对市场熟知之物的再造，是把新酒装在旧瓶里，市场接受快。

第二，剖析并比较了结构性创新的三条路径——破坏性创新、蓝海战略、开辟式创新（cracking frontier market）。它们的共同点是，创造性地将主流市场之外的人群，通常是因为购买力不足偶尔购买的边缘人群，或尚未进入市场的非顾客变成顾客。区别在于，破坏性创新是丑小鸭式的"低等品"变黑天鹅，蓝海战略常以"非正宗"开创蓝海，开辟式创新以"反行业常识"的做法开辟新天地。

第三，探讨了一种特殊的模块化创新。当产品的核心组件采用新科学、新技术后，会对产品厂商产生什么影响？它的破坏性如何？新势力如何才能赢？旧势力该如何免于失败？

第四，阐释了市场创新的本质和路径。有些产品的技术和结构很少更新，例如，凉茶、可乐的配方，不可能三天一变，五天一换；技术型产品发展到成熟期，产品创新投入的边际收益会越来越小。这两种情形，就需要市场创新来挑增长的重担。

第五，将几种创新整合起来，画一张"创新看板"，助创新者和在位企业全面认清竞争的态势，有效管理创新资源的配置。

第六，对每一种创新，都分别站在创新者和被破坏者的角度，探讨各自的挑战、策略、常犯的错误。这有助于双方"知己知彼"，共同进化。

第七，分析了创新的组织设计，尤其是在位企业，该如何做，才能有效地推进非渐进式创新。

社会现象复杂多变，任谁也不敢说看清甚至掌握了创造性破坏的"破坏规律"和反破坏秘籍。虽然案例中不乏相似之处，也可从中管窥一些经验法则，但这些法则既不是客观规律，也不是创新科学，所以不太可能为企业的创新战略给出具体的答案，顶多是抛砖引玉，帮助实务工作者思考，系统审视运营现场、市场发出的信号。

"沉舟侧畔千帆过，病树前头万木春。"追求基业长青是朴素而美好的愿望，但不必成为执念；研究破坏和反破坏之道，也不是炼丹药，而是以创造性应对破坏性，相互砥砺，共同进化，使相关的人、企业甚至整个经济社会都更具活力。

第一章

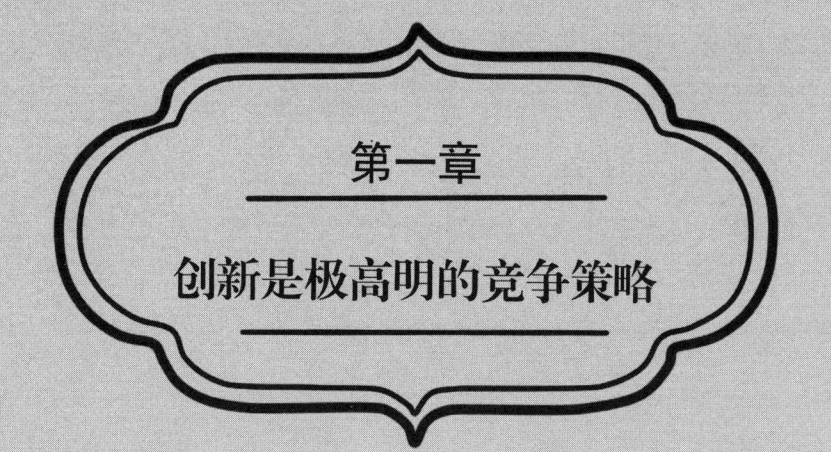

创新是极高明的竞争策略

"创新理论之父"约瑟夫·熊彼特，借鉴生物学术语"突变"，提出产业发展是一个"创造性破坏"的过程，即"不断地从内部使经济结构革命化，不断破坏旧的，又不断创造新的结构"，将创新的进程描绘得波澜壮阔，让人心潮澎湃。然而，在现实中，拼命奋斗的企业主常见，实现了"突变"的企业家却是少数；企业决策者都知道创新是增长、发展的强大引擎，但大多数企业的创新绩效却差强人意。

知行之间的浩渺鸿沟，愿望与现实的巨大落差，既因为创新绝非易事，也凸显出创新管理的理论框架和行动指南存在不足。

全面竞争管理

那么，要怎么做才能提升企业的创新意愿和创新绩效呢？

一个思路是，将创新纳入竞争战略的框架之中，对竞争进行全面管理（如表 1-1 所示）。质量可以全面管理，竞争也可以，且应当如是。

表 1-1　全面竞争管理

竞争的基本要素		供需范式（when）/产品的主导性设计			
关键词	释义	试验期	确立期	成熟期	变革期
需要情境	在哪里争（where）	低效困窘	供不应求—契合不足	契合不足—习以为常	满意危机
战略意图	争什么（what）	剩下来/主导性设计	领先/引爆点	竞争壁垒/领导地位/持续增长	新的主导性设计
战略定位	和谁争（who）	其他创新者	服膺主导性设计的企业	细分市场间/在位企业与创新者	新范式与旧范式
竞争规则	为什么争（why）	淘汰赛：性能跳跃、关键性修正	排位赛：改进改善的速度、资源	攻防战：大鱼吃小鱼、边界再拓展	对抗战：取而代之 VS 生存下来、重生
资源、能力与策略	凭什么争（how）	发明型创新、开辟式创新	渐进式创新/差异化、聚焦	结构性创新、市场创新/成本领先	模块化创新、重新发明型创新

首先，只承认革命化的巨变才是创新，会使创新远离决策者的日常，因为革命不会经常发生。不管经营环境如何变迁，竞争都会如影相随，所以，应对竞争是每一家企业的基础课题，是决策者的日常事务。创新的破坏性，表明它有竞争力；而创造性，则意味着创新不是一般的竞争工具，而是一种

极高明的竞争利器。

因此，从竞争战略的视角来定位创新的角色，既合理，又必要。一方面，将创新同差异化、总成本领先、聚焦等通用战略并列，与价格战、广告战、渠道战、客户关系管理等工具共存，既有助于决策者随时看得见创新，也提醒决策者，倘若常用的竞争战略缺少创新，或创新模式单一，表明企业正费力不讨好，或前景存在隐忧；另一方面，既然是竞争力很强的高阶策略，决策者就应当全面研究、仔细擘画，注意积累资源、不断修炼能力，方能掌握创新之道，不应该随随便便应付了事，在主营业务增长减速甚至败相初露时，才匆匆忙忙临时抱佛脚，找寻创新速成秘籍。

其次，注意力全落在经济结构的革命化，也会使创新无从下手，因为任何革命性的变化都不是突然冒出来的，也不是灵光乍现的结果，而是有其渊源和脉络。因此，要描绘出经济结构革命化的完整光谱，区分不同的创新类型，并展现出彼此的关联，让决策者不会望而生畏，相信自己的企业也能创新，从而推动企业在循序渐进中实现突变，在突变的基础上改进改良，循环往复，不断增长与发展。全面竞争管理既覆盖竞争的全要素，又追踪全生命周期，可为创新的色散棱镜。

竞争的六个基本要素

一场足球赛，有六个基本要素，场地、目标、对手、规则、能力与策略、时间。企业竞争与之类似。

1. 需要情境：在哪里竞争 (where)

创新机会不是从天上掉下来的，而是来自需要（needs）情境与供给状态间的不匹配、不协调。

马斯洛的需要层次理论，令人信服地阐释了人类动机的基本特征。第一，普罗大众都有生理、安全、爱与归属、自尊、自我实现以及认知、审美需要。第二，前五种需要的满足，由低向高递进，呈现为金字塔形状。已获满足的需要，对行为的影响减弱，取而代之成为主要驱动力的，是上一层次的需要。第三，了解、解释、理解的需要，是适应性工具；提升认知能力，满足好奇心，有利于增强需要满足的能力。第四，对多数人来说，没有美，无碍生存与生活，但切实体会到美时，每个人会倍感治愈。审美和认知重叠很多，不易截然分开。了解需要的这些特点，对于确定产品的定位、形成产品概念极具有启发意义。例如，面向大众的产品或服务，就不宜太复杂，也不必有过多的修饰，少讲地位、成就自我的故事，而要多讲亲情、友情、自尊、安全以及实用性。

需要并不等于需求（demand）。具体的需要，在情境之中。情境构成了需要的背景和底色。第一，任务。在情境中，人的角色是什么？需完成的"任务"是什么？第二，限制。欲望没有止境，但技术、制度、文化、经济、环境、个体、社会等，为欲望的满足设定了代价，使人们不得不在欲望和代价间权衡、取舍。第三，既有供给如何满足需要，零供给是特殊的状况，通常意味着顾客使用了某种产品的替代品。任务、限制、既有供给构成了"需求"。

因此，需求分析，不仅要分析顾客想要什么，还要明确得到的代价，以及当下的供给状况。这三者间的不匹配、不合理就是创新的机会。创新者常常向限制、供给不足（如价格太高、购买者太少）"宣战"，来实现创新溢价。

2. 战略意图：争什么(what)

　　球队的目标，不管是进球、出线、夺冠，还是锻炼队伍，一言以蔽之，赢。企业的战略意图，同样是"对胜利的执着"，是与当下的资源和能力不相称的远大抱负，表现为多种形态，如活下去，打败强大的对手，成为领先者，吃掉对方的地盘，成为领导者，赢家通吃，持续增长，基业长青，为国争光，改变世界等。正是因为远大抱负和资源、能力间存在巨大的缺口，才需要创新来重新组合资源、能力，产生强劲的爆发力和冲击力。

　　战略意图反映了企业决策者的使命感和核心价值观。没有战略意图的企业，安于现状，不愿创新，而是追随创新者、模仿创新者，仅能获得很低的利润，其决策者通常是不敢做梦的平庸之辈。

　　好的战略意图表述，应当简洁，使人一望便知，印象深刻。国内一家数一数二的计算机企业，公开表达的理念是"智能，为每个可能"，就有些不知所云；一家通信巨头的愿景是，"把数字世界带入每个人、每个家庭、每个组织，构建万物互联的智能世界"，一句话讲了产品内核、目标顾客、发展愿景，较为清晰；特斯拉公司的表述则直截了当，"加速世界向可持续能源的转变"。

3. 战略定位：和谁竞争（who）

　　定位的实质是选择合意的对手。和错误的对手过招，是竞争的大忌。对方若是高手，是自取其辱；对方若不堪一击，赢了又怎样？胜得不精彩，还可能得不偿失。

　　浙江舜宇光学集团是我国光学领域有名的"专、精、特、新"企业。1993年，舜宇光学产值超过 5000 万元，决策者提出了大胆的目标：1994 年产值翻番，1999 年实现 10 亿元营收。1994 年的目标顺利完成，但后一个目标迟迟无法实现：1999 年的营收仅为 2.6 亿元，2003 年也不过 3.92 亿元。如何走出这漫长的增长平台期，舜宇光学尝试了各种办法。2003 年底，决策者在咨询公司的帮助下，做了一次著名的战略定位——放弃做终端品牌，一心一意做大品牌的知名供应商，即"名配角战略"。2006 年，舜宇光学终于突破 10 亿元营收大关，并于 2007 年在中国香港上市。迄今为止，它仍在坚持并深化这一定位，三星、索尼、松下、尼康、谷歌、亚马逊、华为、联想、小米、蔡司、奥林巴斯等知名企业都是它的客户。

做终端品牌，是与知名大品牌竞争；做供应商，则是大品牌的合作伙伴，对手是其他光学元件厂商。舜宇光学的这次定位将选对对手的必要性展现得淋漓尽致。

4. 竞争规则：为什么争（why）

具体确立什么样的战略目标，与竞争规则密切相关。同样是比赛，淘汰赛、排位赛、对抗赛的打法很不相同，因为胜负的标准、结果的分配不一样。

竞赛规则有两个关键维度（如表 1-2 所示）：第一，对手之间是否正面对抗；第二，成果怎么分？差距大如赢家通吃，还是相对平均地分蛋糕？据此，可分出四种竞争规则：

表 1-2 竞争的形式

形式	针锋相对	无须对抗
赢家通吃	角斗场	头部效应
分蛋糕式平均	寡头垄断、垄断竞争	入围赛

角斗场：最"好看"，但也最残酷，胜利者赢走一切，失败者无立锥之地。

头部效应：对手之间无须正面对抗，所有参与者都有奖赏，但第一名的回报，远远多于第二名、第三名，其后者以此类推。

寡头垄断和垄断竞争：份额有差距，但不会太大，所以，谁都不可能无视对手，也不会轻易把谁打趴下。

入围赛：晋级即可。例如，只要过线就能被录取。所谓"对手"，其实名不副实，因为参赛者不用"知己知彼"，做好自己即可。

在现实中，竞争规则不会如此泾渭分明，但有主有次。规则不同，对策和准备也不一样，入围赛的打法和角斗场的谋略不可调换。

5. 资源、能力、策略：凭什么争（how）

凭什么争？三要素，第一，资源；第二，能力；第三，策略。什么资源有比较优势？资源基础理论提出了四个标准（VRIN）——有价值（valuable）、稀缺（rare）、不可模仿（inimitable）、不可替代（non-substitutable）。

什么样的能力令对手生畏？最基础的第一阶是无法模仿或受到保护的"独特能力"（distinctive competence），比如专利、秘密配方；第二阶是"核心能力"（core competence），既对创造客户价值极为重要，对手还难以模仿，并能为公司进入多个市场提供方便，例如，索尼公司在多个市场推出了微型化产品；最高境界第三阶是"动态能力"（dynamic competence），是整合、建立和再配置内外部资源和能力的能力。

策略的要义在于，避对手所长，让其优势发挥不出来，同时使我方的劣势不会成为短板。例如，田忌的马，上、中、下等均不如齐国公子们的马，但孙膑的策略让他"一败两胜"赢得比赛，"卒得王千金"。

6. 供需范式：何时争（when）

理解供需范式，要从拆解产品开始，因为它是供需的中心和桥梁。任何一种产品，都有三个相互关联、相互作用的成分：

功能结构：顾客价值，即顾客可以用它来做什么，以及性能标准为何。

一般而言，产品都不止一个功能，即使只有一个功能，也常需要一组动作来完成。功能结构和性能指标构成了产品概念的基石。

组件科技：各个零组件背后的科学原理、技术能力、制作工艺、材料属性、设计理念等。

物理联结：将零组件联结为一个整体的知识。

物理联结、组件科技服从、服务于功能结构。反过来，产品经理、创新者规划、构想的功能结构再好，技术能力达不到，物理联结实现不了，也是徒劳与枉然。产品应采用何种功能结构，由什么组件科技、物理联结来实现，不止一种答案。但是，"主导性设计"，即能实现规模经济效应或外部性的设计方案不多。主导性设计的功能结构契合了大多数顾客的需求和使用习惯，物理联结和组件科技则很有效，既有效发挥了产品的功能，又符合经济的原则。主导性设计并不是一成不变的，而是会不断进化。

供需范式是供给与需求的契合状态，包含需要发现、价值创造、顾客连接、产品交付、使用反馈、改良改进等全节点、全过程，中心是产品的主导性设计，其他活动都围绕这个中心展开，也受其制约。借用"范式"一词，意在表明，主导性设计的变迁，与王朝更迭、科学范式革命高度相似，不是一个线性累积、直线上升的过程，而是这家欢喜那家愁的情状。托马斯·库恩的研究表明，科学革命是四个阶段的循环往复：前范式、范式确立、反常至危机四伏、范式革命，"每一次革命都迫使科学共同体抛弃一种盛极一时的科学理论，转而赞成另一种与之不相容的理论。"主导性设计的演进也有类似的阶段，从百家争鸣、派系林立，到少数胜出，从差异化到同质化、定于一尊，再成熟衰败直至突变革新。在供需范式的不同阶段，竞争要素的属性和特征较为不同。

试验期：百家争鸣，派系林立

今天，极致体验论是主流，是产品经理们的"宗教"。原则上，它当然是对的，但在供需范式的不同阶段，体验的具体内涵、重点并不同一，不能将易用性当成唯一的、放诸四海皆准的"主义"。

试验期的目标顾客身处"低效困窘"：明知道旧产品非常低效，却没有更好的选择；习以为常，已将低效合理化。不过，一旦见识过新的解决方案，就会立即意识到旧办法是不可接受的。

新的解决方案，是迥然不同的新事物，用的是新的组件科技、新的物理联结。此时，有多种产品原型、多种设计方案，不同的设计概念、技术路线、材料相互比拼，可谓百家争鸣、派系林立。例如，"在汽车工业早期，汽车引擎采用的燃料包括汽油、电力和蒸汽，方向盘有驾驶盘和舵柄，车身有木质的和金属的"。虽然它们都具有解决低效困窘的潜力，但还存在不少重要缺陷，如安全隐患、运转不流畅、配套不齐、性能有待提升、价格与使用成本过高等。

这一时期的竞争规则是淘汰赛、入围赛。创新者的最低目标是活下去、剩下来，最高目标是成为主导性设计的代言人、引领者，退而求其次是尽早选边站队，果断放弃没有前途的主张，加入主导性设计的阵营。

什么样的设计会成为主导性设计？什么样的创新者会免于淘汰？第一，证明自己的方案具有破解低效困窘的潜力；第二，及时修正关键性缺陷。创新者通常在第一点上的差距并不显著，因为每种设计都还在相当初级的阶段，第二点成为胜出的关键。

关键性修正与商品化同步进行，因为销售获得的市场信息和反馈，是发现产品缺陷，尤其是隐性缺陷的重要途径。如果顾客与新产品最初的购买者（种子顾客、天使顾客）是同质的，有相似的需求、相似的支付能力、相似的资源条件、相似的观念和认知水平，问题主要是技术的，只需要解决安全、运转不畅以及其他明显的缺陷即可赢得市场；但是，如果要实现异质扩散，即扩展到不同通常更大规模的客群，尤其是自上向下扩散，常常需要对功能结构、性能标准做出重大调整，重新选择组件科技，重做物理联结，并实现跳水式的降价。此阶段的创新策略，主要是发明型创新和开辟式创新，而开辟式创新是结构性创新的一种。

确立期：众望所归，跑马圈地

经过试验期的优胜劣汰，主导性设计浮出水面，胜者向王者地位迈进。主导性设计的出现，意味着多数从业者和顾客都接受了"一系列基本的设计选择，后续一般不再反复讨论这些问题"。当然，只要市场足够大、足够复杂多样，主导性设计很少是唯一的，但数量远少于试验期的百花齐放。由于技术上的可行性，市场需求的真实性、迫切性，商业模式等都得到了验证，企业数量会大量增加。

目标顾客只要见到或经过试用新产品,就会产生相见恨晚之感,即使咬咬牙,也想买上一件,因为与旧产品、旧方案相比,性能有天壤之别。此时,产品的功能其实远不完善,性能虽然比旧有余,却仅是冰山一角,也存在交付不及时、服务缺失或不佳、定制化程度低、易用性不便、配套设施不足等问题,仍然供不应求,因为企业产能有限,新的工厂和制造线尚在建造中。

这个阶段的竞争,是一场跑马圈地的排位赛,头部效应突出,排名越靠前,体量越大;极端的头部效应就是赢家通吃,率先跑过网络效应引爆点的企业将独孤求败。随着产能的提升,产品与需求的契合不足开始浮现,顾客为追求性能飞跃而不得不忍受的诸多问题成为新的痛点。为赢得更多顾客的青睐,入局者大力开展渐进式创新:第一,顺着已获验证的技术路线狂飙,在性能上更胜一筹,就能跑得更快更远;第二,完善功能结构,提升辅助性、互补性功能的性能;第三,使产品更好用、更好看、更便宜、更个性化、服务更好。在这个过程中,价值节点开始专业化,价值网络逐渐成形,配套日益完善。渐进式创新在主导性设计的框架内推进,会促进主导性设计的完善。主导性设计的"所有人"、"代言人"以及早期追随者有先发优势,挑战者很难通过"更好"的产品打败在位企业。

在确立期的尾声,差异化成为主流和生存方式,各家企业虽然体量有别,但各自在特定的生态位、势力范围"凿斯池也,筑斯城也"。差异化的点很多,如功能结构的主打功能、性能指标、材料属性、价格高低、客群细分、区域市场、服务水准、渠道网络、交付模式等。差异化,通常是由数个差异点环环相扣形成的整体系统。

成熟期：马太效应，边缘星火

逐渐内卷化是成熟期的标志：产业边界越来越清晰，产品同质化不可避免，成本领先成为制胜法宝。

竞争的火药味明显增多，攻防战成为竞争的主要形式。一方面，通过差异化获得生存空间的企业，"广积粮，高筑墙，深挖壕"，做强做实竞争壁垒；另一方面，领先企业凭借自身优势，逐渐抹平了差异，且在成本效率上卓有成效，开始大鱼吃小鱼，区域性品牌或者失败，或者被并购，市场逐渐向寡头化、垄断竞争演进，马太效应显现。

由于产品同质化，渐进式创新的边际收益越来越薄，市场创新，靠近顾客这一端的价值节点和要素的新组合，成为增长的新主角。市场创新的具体策略有：重新定义顾客、创新顾客沟通、重设交付模式、再造商业模式。

在领先企业不断攻城略地，跻身行业领导者、勇夺霸主地位之际，面向市场边缘及以远的非顾客人群的结构性创新业在悄然推进。创新者是新大陆的开拓者，也是旧世界的"异端"和边缘分子。因此，他们研制的产品，在位企业不理解、不看好、看不上。结构性创新，不是成熟产品功能结构的优化，而是大开大合，有增有减，加的是新特性，减的是主流性能。具体有三条路径：破坏性创新、蓝海战略、开辟式创新。破坏性创新最终会重塑产业格局，使领先企业淡出江湖；蓝海战略则以避开红海的事倍功半为要义；与试验期相比，成熟期的开辟式创新，动力弱得多，难度大得多。

变革期：战略转折，大而易倒

尽管有市场创新花样翻新，破坏性创新搅得领先企业天昏地暗，但成熟期总体而言是沉闷的。这种沉闷会制造顾客的满意危机。

当然，危机是看不见的，而是隐藏在歌舞升平之中，潜伏在野心勃勃的变革者手中。成熟期的胜利者，通过攻伐成为行业领导者的企业，完全可以高枕无忧，因为顾客热衷于购买自己的新一代产品，市场调查显示顾客忠诚度节节攀高，市场份额继续增长，利润丰厚，资本市场还在摇旗呐喊，各路媒体殚精竭虑地为企业制作"王冠"，企业领导走到哪里都是C位嘉宾，员工们衣着光鲜、福利好得像人间天堂，顶级学府的毕业生削减脑袋想要进来……哪里有什么危机？

但这一切都是虚假繁荣。

因为范式革命的时机日渐成熟。新的主导性设计，正在领导企业不可见的某个角落里萌芽并迅速成长。它面市之时，就该是在位企业感到后背发冷的时刻。

新的主导性设计以三种路径出现：第一种，新的发明型创新。第二种，模块化创新，即成熟产品的某个关键子系统出现了新发明，但该新发明无法转变为发明型创新，必须与旧产品的其他子系统一起，借助旧产品本身，才能规模化地销售出去。例如，很少顾客会直接购买电池电机系统，但把它装进车里，和车一起卖，接受者就太多了。第三种，重新发明型创新，提供的功能和旧产品差不多，但功能结构其实非常不一样，通常是旧产品中某个次要的、辅助的功能，因为性能飞跃，变成了基础的、核心的功能，从而开启了一个全新的时代。

这三条路径有相似之处，也不尽相同。新的发明型创新，替代过程相对缓慢。第二、第三条路则直接挑战在位企业，引起激烈对抗，生动诠释什么叫"商场如战场"。不过，模块化创新很难使在位企业彻底失败，重新发明型创新不仅破坏力极强，而且速度惊人，是不折不扣的闪电战创新。见识过重新发明型创新产品后，顾客们曾经表达过的满意立即烟消云散，忠诚也瞬间化为乌有。这一点与科学革命颇为不同。物理学家普朗克说："一个新科学真理的胜利，与其说是靠使它的反对者信服或领悟，还不如说是因为它的反对者都死了，而熟悉这个新科学真理的新一代成长起来了。"重新发明型创新的胜利，是顾客喜新厌旧的结果。

破坏性的六个维度

企业决策者从竞争战略审视创新，既看见了创新，又大致看清了创新的类型，以及不同类型的适用情境。但是，看见、看清的目的是用对、用好创新，真正发挥它的竞争优势，实现企业的战略意图。因此，要聚焦破坏性，全面、系统考量创新的竞争力，也就是要回答六个维度的问题：

对象。被创新者取而代之者，究竟是谁？

速度。布新除旧的过程是快，还是慢？

力度。创新对破坏对象的冲击是巨大的、难以承受的、不可逆的，还是局部的、可复原的、暂时的？

烈度。破坏和反破坏间的对抗，是棋逢对手，还是不堪一击？

反应。被破坏者对威胁的判断是精准的，还是粗略甚至谬以千里的？反应是及时的，还是滞后的？反应是延缓、阻击了破坏的进程，还是火上浇油？

什么样的反应是合适的？

出路。破坏对象能否避免失败？如何避免？如果不可避免，出路在哪里？

韩非子曾讽刺既卖矛又卖盾的楚人，一边吹嘘"吾盾之坚，物莫能陷也"，一边夸耀"吾矛之利，于物无不陷也"。自相矛盾的楚人可笑吗？其实，他并不可笑。矛固然利，盾诚然坚，陷与不陷，实系于主人的技能、力量、经验。

创新也一样。既要研究矛，使其无坚不摧；又当琢磨盾，使其无坚不陷。如此，创新者才能少走弯路，被破坏者方能减少因犯低级错误而饮恨退场的可能。双方都"知己知彼"的破坏与反破坏，才是高手过招，破坏才会更具创造性，消费者、创新者、在位企业和社会都将因此获益良多。

第二章

发明型创新：性能跳跃者崛起

从筑巢而居、钻燧取火到蒸汽机、计算机、互联网；从智人的物物交换、贝壳货币，到有限责任制、风险投资；从口信到书信、电报、电话到移动通信……人类文明的演进，就是一部新发明不断涌现、前后接力的历史。然而，科学技术的进步、新发明并未充分转化为生产力，人类经济史直到1820年前后才迎来神奇时刻：一些国家的人均产出和实际工资收入率先起飞，进入持续增长轨道。

学者对背后的原因争论不休，至少有三种相互竞争的论点：第一，农场和工厂中的资本存量在19世纪急剧增加，带动了收入增长；第二，规模经济、自由贸易催生了繁荣；第三，技术进步提高了全要素生产率。2006年的诺贝尔经济学奖得主埃德蒙·费尔普斯（Edmund Phelps）研究后发现，这些主张似是而非，"只有经济知识——有关生产什么和如何生产的知识——的增加，才足以支撑起飞国家的整体生产率和实际工资水平的急剧提升"。

而经济知识的爆炸性增长，源自自主创新意识的觉醒，亲创新的环境日益成型，"勇于争先的企业家大量出现，最终在数量上超过传统商人；越来越多的人参与工艺和产品的改进并进行新的构思，越来越多的参与者的工作体验发生急剧变化。从零售业到纺织业，再到流行音乐产业，社会中更多的人在积极参与新事物的构思、创造、评估和试验，并从经验中不断学习。"简言之，正是创新者角色的出现和壮大，才真正发挥出科技作为第一生产力的巨大潜力，使科学进步、技术突破成为芸芸众生的福音。毕竟，发明不等于创新，脱胎于某个具体需求情境的新发明，不会自动变得有广泛用途，惠及普罗大众。在历史上，许多新发明不过是少数聪明头脑的兴趣爱好、富人的玩具、王朝的贡品，或实验室里的阳春白雪。

将新发明变成产品、商品，让更多的人买得起、用得着，并从中得益，就是发明型创新。它也是最常见、最少争议的创新形式。探究发明型创新的竞争力，先要厘清新发明如何发生；再回答如何将发明变成创新产品。其中的关键挑战是什么？蒸汽机和电子计算机的发明历程、创新故事，不乏启发。

蒸汽机：从马力的替代者到工业化引擎

欧洲人口爆炸式增长时，人们大量砍伐树木，用作建筑材料和燃料。12世纪晚期，欧洲遭遇"木材危机"。1230年，英国开始从斯堪的纳维亚半岛进口原木，同时转向了替代性的燃料——煤炭。煤矿企业先采集浅层煤炭，然后向地下煤矿掘进。17世纪时，英国的煤矿工人找到了进入地下水位以下位置的办法，并开始探索采挖深层煤矿的手段。由此，矿井的排水、通风便成为煤矿经营者必须解决的难题。

当时，最大功效的抽水泵由水车提供动力，但河流和矿山位置未必一致。另一种选择是用马匹拉动抽水机抽水，但此法相当低效，成本不菲。1752年，英格兰东北部一座深240英尺（约73米）的煤矿做了一项对比研究。马力每天抽水67000加仑，成本24先令；蒸汽机（纽可门机）带动的水泵每天抽水25万加仑，成本20先令。显然，这些成本都反映到了煤价中。而且，家庭取暖是最主要的煤炭消费者，远远超过冶金等工厂的用量。

不难想见，面对如此刚性的需求，任何降低煤价的努力一旦成功，就会带来巨大的回报，所以很多人垂涎其中的机会。1699年，英国皇家军械处机械师托马斯·塞维利，向公众展示了"一项以火的推动力汲水并为各式各样的工厂提供动力，对矿井排水会非常有用且优势明显的新发明"。这项新发明，便是蒸汽机的最初原型——"矿工之友"，它已经具有实用价值。塞维利只是众多技术淘金者之一。在他之前，已有约四分之三的专利授予采矿技术创新者，15%的专利专门授予矿井排水技术改良者。

第二章
发明型创新：性能跳跃者崛起

蒸汽机不是横空出世的，而是一代又一代人接续努力的结果。最早的原型可溯自公元 1 世纪的汽转球，尽管它并不具实用价值。1606 年，意大利人波尔塔制造的机器，可利用蒸汽动力从一个密闭容器中抽水；1610 年前后，法国园艺师萨罗曼·高斯在威尔士亲王的一处住宅制造了大量由蒸汽驱动的玩具；1631 年，戴维·拉姆塞发明了一个利用火的动力抽水的装置；从 1663 年开始，伍斯特侯爵发明了汲水发动机；1675 年，塞缪尔·莫兰，查理二世的御用机械师，制造出一种由火驱动的抽水泵，并推算出蒸汽的容积约为等量水的 2000 倍。

然而，蒸汽机又绝非仅仅是改良的线性叠加，而是知识的跨界碰撞、突变组合的产物。临门一脚，则是两大新知识脉络的合拢：一是利用蒸汽制造真空，二是认识到大气压力可以驱动活塞做往复运动。"矿工之友"主要利用了第一种知识，发明高压锅的法国人丹尼斯·帕潘则是第二种知识的代言人之一。帕潘本人也试图制造用蒸汽压力驱动的发动机，但未能如愿。将这两种知识连接起来的，是小五金商兼车匠托马斯·纽可门和他的搭档，玻璃工匠兼水管工约翰·卡利。两人耗费了近十年时间，才最终完成这一任务。他们的首次试验，得到了达特茅斯一家神秘的社区银行的资助。

驱动纽可门、卡利无惧前路漫漫勇毅前行的一个重要原因是，"矿工之友"抽水蒸汽机有很多缺陷：没有安全阀，需要配备一名操作员，一分钟之内至少要打开四次蒸汽旋塞和冷水阀，至少一分钟一次将锅炉添满水，并调整火力；气缸是焊接的，可能会爆炸；更重要的是，水提升的高度只有约 10 米；除了抽水，似乎没有别的用处，无法为"各式各样的工厂提供动力"。

纽可门虽然是一名工匠、商人，但与两大知识脉络中的重要人物建立了连接。罗伯特·波义耳是近代化学的奠基人，罗伯特·胡克、帕潘先后出任他的助手。纽可门与胡克有通信往来。也正是胡克劝说纽可门，"不要按照帕潘那种思路，即利用气压推动水泵活塞直接抽水进行研究，而是要去探究在活塞以下位置人工制造出真空的途径。"

1712年，纽可门和卡利成功地将他们的蒸汽机安装在科尼格里煤矿。这个机器每运行一次，就从50米深的井里抽出10加仑（约38升）水，并以每分钟运转12次的速度不间断地重复这项工作。纽可门机的缺憾是，消耗的煤炭太多，所以，只有煤矿成为它的客户。然而，它使煤炭的开采成本大为降低，因此，"独占了英国市场，后来传遍欧洲"。纽可门机的这一缺陷，在半个世纪之后，才由詹姆斯·瓦特攻克。经过瓦特团队的改进和推广，蒸汽机才逐渐实现了塞维利的设想，成为工业生产的引擎。

电子计算机：跨越三个世纪的进化

计算是一种古已有之的信息处理工作。商业交易的清算核算，政府税赋收缴、财政划拨，天文历法以及皇室贡入赏出、大型工程等，都离不开术算之学。

借用工具来提升计算效率，自然也不是现在才有。例如，算盘已有2600多年的历史。17世纪，机械计算器问世，起初只能做加减法，后扩展至四则运算、开方。在此基础上，有人将计算器和打字机连在一起，使计算结果可直接打印出来。再后来，发明家用电动马达取代机器驱动，做成了电动计算器。

计算方法也在不断进步。对数的发明和对数表的编制，极大地改进了数学计算；三角函数表在测量、天文学领域加速了角度和面积的计算。18世纪后期，人们编制了航海用表、星表、人寿保险表、土木工程表等专用表。1766年，英国政府批准每年编制一套《航海天文历》。这是世界首个永久性

第二章
发明型创新：性能跳跃者崛起

制表项目，该天文历也被称为"海员圣经"。编制计算表的工作，主要由人工计算员（computer）完成。到第二次世界大战期间，computer 一词，仍是指"执行计算的人……尤指受雇于天文台、勘测等领域进行计算的人"。

为消除制表过程中的错误，提高制表效率，受日渐普及的蒸汽机的启发，19 世纪的人们开始探索利用机器来制表。查尔斯·巴贝奇便是其中的佼佼者。他历时十年设计的差分机，于 1833 年制成样机。十年间，巴贝奇获得了英国政府 1.7 万英镑的资助。不过，差分机未能投产，原因有二：第一，当时的制作工艺不足以制作全尺寸的差分机；第二，巴贝奇突然有了一个独创性的全新想法，设计制造一台"能执行人类指定的任何计算"的机器——分析机，因此，将仅有制表之用的差分机抛诸脑后。虽然恼怒的英国政府中止了资助，但巴贝奇依然故我，最终留下了数千页手稿，开创性地将计算和存储分开，并从雅卡尔织布机获得灵感解决了计算的组织问题（即"程序设计"），成为现代计算机的先驱人物。

此外，为特定的系统建立物理模型的模拟计算设备也在发展。模拟计算器不具有通用性，仅能解决特定的问题，如太阳系仪、机械潮汐预报器，能解决具体工程问题、求解常微分方程的微分分析仪，为电力系统制造的交流网络分析仪等。

第二次世界大战爆发后，美国国防部的计算需求猛增，例如，提高武器的攻击精度需要炮弹的弹表，破译敌军密码等。因此，提升计算效率的发明创造易得到资助、鼓励。"哈佛马克 I 号"成为"第一种完成制造的全自动计算机"，真正将巴贝奇的差分机变成实用工具。1944 年 5 月，哈佛马克 I 号正式为美国海军舰船局服务，主要承担数学用表的编制工作。然而，机电技术已开始向电子技术过渡，所以，机电计算机一出世就面临过时的问题。

看到真空管技术路线的人则在研发电子计算机。在计算机的主导性设计诞生之前，有两个设计方案可圈可点。一个是艾奥瓦州立大学阿塔纳索夫-贝里计算机（ABC）项目，另一个是莫尔电气工程学院的电子数字积分计算机（ENIAC）。前者研制成型后，在投入应用时以失败告终，致设计者放弃了相关研究。不过，它的一些设计概念，如二进制运算、电子开关元件启发了 ENIAC 的项目发起人。

ENIAC 得以立项，是因为莫尔电气工程学院培训的女性计算员，以及极少的微分分析仪，在编制炮弹射表时太过低效。典型的射表包含约 3000 条弹道数据。每计算一条数据，微分分析仪耗时 10～20 分钟，人工计算员需 1～2 天，因此，编制一份完整的射表，百人团队全力以赴，也需一个月左右。

ENIAC 团队在设计制造过程中，遇到了很多问题，如存储空间小、电子管数量太多、重新编程的时间太长等。天才人物冯·诺依曼因偶然加入项目组，改变了电子计算机的研发进程。他首先帮 ENIAC 项目组解决了存储空间小、编程麻烦的难题。在这个过程中，冯·诺依曼以人的大脑组织结构为譬喻，以中央控制、中央运算、存储器、输入元件、输出元件为核心功能部件，设计了离散变量自动电子计算机（EDVAC），真正"奠定了全球计算机行业的技术基础"。

而且，冯·诺依曼发表了《EDVAC 报告书的第一份草案》。尽管这份草案是项目组的内部资料，但很快名扬四海，世界各地的计算机制造商都拿到了一份副本。因此，计算机产业是幸运的，不必从零开始探索如何设计；但对 ENIAC 的主要设计者——约翰·莫奇利和约翰·埃克特来说，他们看到了计算机的商用价值和前景，决定下海创业。

1946 年，莫奇利和埃克特在费城创立了电子控制公司，致力于制造计算机。尽管资金匮乏一直是他们的梦魇，但凭借着丰富的经验和知识优势，莫奇利和埃克特仍成为计算机产业早期的关键人物。1951 年，他们交付了真正

第二章
发明型创新：性能跳跃者崛起

的商用计算机——UNIVAC，并使它迅速成为计算机的代名词。劲敌 IBM，虽然在工程能力、产品可靠性、软件、营销能力上技高一筹，也只是紧随其后。1953 年，IBM 开发出"计算机业的 T 型车"，价格仅为莫奇利、埃克特所制计算机的五分之一，使 IBM 于 1955 年实现弯道超车，逐渐成为大型计算机行业的绝对霸主。

新发明：需求、知识与灵感

新发明是发明型创新的前提和主角，也是不少大企业研发部门的工作任务和成果。因此，有必要探讨，新发明是如何出现的？实现新发明的方法是什么？

1929 年，经济史学家艾伯特·厄舍（Abbott Payson Usher）出版的《机械发明史》给出了一个答案。这部科技发明编年史，记录了大量的发明，包括史前役畜磨损的马具，埃及的水车和手推石磨，古老的横梁压力装置，中世纪的谷物磨粉机、滴漏，以及 19 世纪的船舶、蒸汽机等。厄舍从中总结出"发明四步法"：

意识到了未满足的需求，正所谓"需求是发明之母"。

不完全模式：在满足需求的现有尝试中，有自相矛盾的地方，或缺少某种东西。

突然的洞察力。

"关键性的修正过程"：使洞见经受住考验、改进乃至不断完善。

蒸汽机和电子计算机的诞生，阐释了四步法的一些关键属性。

未满足的需求：两个特征

能够"长"出新发明的需求，应当具有两个特征：第一，在特定情境之中，顾客面临的"低效困窘"是具体的，而不是抽象的，发明者通过反复试验，致力于实现性能上的飞跃；第二，低效足够低，困难足够难，影响足够大，因此，有众多的创造者来破题、解题。降低煤矿的排水成本，从而降低煤炭这种刚性需求品的价格，回报的诱惑是不言而喻的。这也是蒸汽机在煤矿而不是其他矿场诞生的原因之一。提升编制射表的效率和精度，对交战者的价值也是显而易见的。

不完全模式：群体试错后的剩余难题

美国作家菲茨杰拉德有一句箴言，"检验一流智力的标准是，头脑中能同时存在两种截然相反的思想，却能并行不悖。"其中的感悟，与厄舍的发现是异曲同工的：截然相反的思想就是不完全模式；突然的洞察力，就是要统合自相矛盾的地方，或补足所缺，使各取所长，还并行不悖。

"不完全模式"这一术语，表明"模式"已隐约可见，而非完全的原始状态。一方面，前后相继的探索，以及共时并存的多种方法、技术路线、设计概念，就像盲人摸象一样，从模式的各个侧面，验证了哪些设想、判断、思路是可行的、哪些是不可行的，哪些问题容易解决、哪些不容易解决，为集大成者做好了准备；另一方面，相互竞争的技术路线、设计主张，也让最困难、最具挑战的困难凸显出来，为一种新的、突破性的洞察力指明了方向，提出了明确的要求。因此，不完全模式是群体试错后的剩余难题。

第二章
发明型创新：性能跳跃者崛起

突然的洞察力：异质知识网络的碰撞

突然的洞察力，是如何"突然"出现的？

很多人会说，因为有非常非常聪明的大脑。冯·诺依曼是公认的天才。正是他的意外加盟，使山重水复疑无路的 ENIAC，迎来了柳暗花明又一村。纽可门、瓦特则符合"心灵手巧"式聪明。研究表明，"人类手掌的敏感性非常高，关节数量多得简直让人难以置信。我们的双手随着大脑复杂程度的增加也在以大致相同的步伐进化。它们所具有的高敏感性和多关节特征，并不只是在自然选择的压力下产生的结果，它们也是自然选择的引导者：人手在引导着大脑进化，就跟大脑指引着人手进化一样。从实用的角度讲，钢琴家、画家或者寿司师傅的双手，与纽科门那双使用锤子敲打熟铁的手一样，都是真正智能化的。"

非凡的头脑和灵巧的双手当然是可行之路，一些公司也致力于此，如高薪招募所谓的"天才少年"。但是，它不可能是通向洞察力的唯一路径，更不应该成为对策的全部。事实上，前述两个案例隐含了某种"求索－顿悟模式"，可为普通企业和平凡人借鉴，以有效管理企业的知识和创意。

启发一：连接多个知识网络。 弥合不完全模式的洞察力，本质上是知识的更新、重组。欲捕获重组知识的灵感，首先要连接多样的知识网络，因为跨界碰撞才能产生火花。每一种知识网络，都应该包含四个维度：第一，科学理论。例如，没有真空和大气压知识的突破性进步，蒸汽机不可能诞生。第二，先驱模型或产品，包括不太成功的小发明，不太有用的小玩意。例如，公元 1 世纪出现的汽转球，帕潘研制的高压锅，都值得蒸汽动力研发者细究。第三，相关技术的进步。哈佛马克 1 号的创制者艾肯，未考虑当时方兴未艾的真空管技术，用机器继电器制造了哈佛马克 2 号，与电子计算机的诞生失之交臂。第四，失败的案例。表明了哪些路走不通、哪些方法不可用。

发明家和企业不必成为知识网络的中心，但可以成为知识网络间的"桥梁""枢纽"。纽可门算不上知识分子，也不是物理学家，但他与胡克的通信往来，使他与大气压驱动活塞、蒸汽制造真空这两个知识网络实现了实时连通。同样地，冯·诺依曼不仅带来了卓越的头脑，也带来了必要的知识。英国科学家艾伦·图灵（Alan Mathison Turing）被誉为"计算机科学之父""人工智能之父"。早在1937年，冯·诺依曼便与在普林斯顿大学留学的图灵相遇，并对后者的工作深感兴趣，还邀请他留美。

启发二：干中学、干中创。知识网络的节点分布，不是蜘蛛网一样均匀，也不像教科书、字典般结构清晰、井然有序；其中的知识，也不见得都是靠谱的科学真知，而是充斥着大量伪知识。面对这样一个复杂的知识网络，发明家必须成为实干家，通过实践来检验知识、创造知识、重组知识。

第一，实践是一种检验机制。既能证伪似是而非的谬论，又能掂量出发明者实际掌握了哪些知识。自以为了然、实际并未掌握，或远不熟稔的技能，在实践面前会暴露无遗。发明者可据此了解自己还要学什么，然后主动搜索知识、意见、建议。

第二，行动也是一种学习路径。有两类知识，行动是最佳学习法。一种是科学哲学家迈克尔·波兰尼强调的"默会知识"，即难以编码，"只可意会，不可言传"的知识，"内化（这类）知识的途径只能是实践而不是理论学习"。另一种是理论模型抽象掉的知识。理论、模型简化信息，是为突出重点，抓住本质，但实践者需要还原全貌，才能打造出正常运转的事物。

第三，实践是一种诊断工具。实践和行动有助于发现不完全模式的症结所在，即自相矛盾的地方为什么不能兼容，到底缺少了什么。如果不通过行动排除错误，就找不到问题的根本。试想，假使冯·诺依曼不是中途加入

第二章
发明型创新：性能跳跃者崛起

ENIAC 项目组，而是独自设计电子计算机，他大概也不能在如此短时间内就妙手偶得 EDVAC。正是 ENIAC 撞了不少南墙，才促使他去思考其他选项。

第四，行动是通往灵感的终南捷径。没有设计、制作差分机样机的十年探索，巴贝奇能不能想到分析机是可行的？没有"尽日寻春不见春，芒鞋踏遍陇头云"，会不会有"归来笑拈梅花嗅，春在枝头已十分"？

第五，行动也是一种承诺。人们常说，"万事开头难"，"好的开始就是成功的一半"。道理何在？沉没成本效应。理性的人不会将沉没成本纳入当下的决策，但是，人不是纯理性的动物，经常将沉没成本记在心里账户的损益表中，不能释怀。该放下而放不下，它是坏的；想放下却不该放下时，它是好的。付诸行动，不达目的誓不罢休，求索者需有这样的执着。

启发三：跨界取譬。任何事物都明确有或隐含着某个概念。一种新概念的诞生，既可以在旧概念中加入新东西，例如，汽车诞生时，是"不用马拉的马车"，也可在跨界取譬中突破桎梏。知识管理大师野中郁次郎的"知识螺旋"模型，提出了一个顿悟"三步走"思路：隐喻－类比－模型化。

第一步，隐喻。"将两种差别较大的经验领域融合成一个单一的形象和符号"，"用一个短语表达两个概念"，让"那些不同背景、不同经历的个体，可以通过想象和象征直观地理解事物，而不需要进行分析和归纳"，简言之，跨界才能取譬，才能跳出窠臼、经验的束缚。例如，巴贝奇在设计分析机时，借鉴纺织厂的作坊与仓库，提出了将运算和数字存储相分离，织布机织出不同图案则与运算程序相似；冯·诺依曼以人脑为原型，将一种通用型计算机器概念化为"电脑"。

第二步，类比。虽然隐喻建立了连接，但也造成了差异和冲突，因此，需要类比来调和。"隐喻大多受到直觉的驱使，把乍看毫无联系的形象连接起来；而类比则是一个更结构化的过程，它调和矛盾并创造独特性。简言之，类比澄清一个短语中的两个概念是如何相同与不同，是从纯粹想象到逻辑思维的中间环节。"无论如何，计算机和人脑都大不相同，类比就是要指出这种不同。

第三步，建立模型。"模型远比隐喻或类比来得直接，易于被人接受。在模型中，矛盾得以化解，概念可以用一致、系统的逻辑进行转换。"

概念上的跨界取譬，是重组知识的关键一步。发明者借此重新审视自己关联的知识网络是否合意，既有的知识、观念是否合理，知识的组合方式是否要推倒重来。1978年，本田宣布开发一种全新概念的轿车，迎合新生代。管理层对研发小组提了两点要求（**隐喻**）：第一，不同于本田过往的任何产品；第二，价位不高不低。项目组负责人提出了一个口号，"汽车进化理论"，将汽车视为一种有机体。第二步，类比。汽车该如何"学习"有机体呢？为了最大化生存空间，它应该更亲"宿主"。如何体现？开发小组成员通过争论和讨论，得出答案——"人性最大化，机器最小化"。最后一步，模型化。第一，不是强调外观，而是重视舒适性；第二，必须比传统汽车更轻巧、更便宜、更舒适、更坚固，最大乘坐空间，最小路面空间，发动机等机械装置占用的空间最小化。就这样，被称为"高个子男孩"（tall boy）的本田"城市"汽车诞生了。之所以叫"高个子男孩"，是因为它短而高，而传统汽车是长而矮。

发明型创新的五大挑战

从新发明到发明型创新，是一段新旅程，充满很多的不确定性和风险，尤其是市场知识的不确定性，因此，需要企业家角色的参与、主导才能应对

第二章
发明型创新：性能跳跃者崛起

一系列的挑战。然而，许多发明家既不能，也不愿承担这个新角色赋予的责任。

挑战一：修正关键性缺陷

每件新发明都要改进、调整。这项任务分为两类。第一类，消除重大缺陷，即厄舍所说的"关键性的修正过程"，目的是变得可靠且有一定的性价比优势。常见的问题包括：高频率的宕机、突出的安全隐患、使用极为不便、价格高到望而生畏，性能还严重偏低等。

第二类，改良改善。即在产品功能结构基本稳定、成型的基础上，丰富功能结构的细节，新增辅助性功能，或优化功能结构，持续提升性能、交付效率，改善易用性，减少顾客削足适履的痛苦。例如，微信在对话、群聊、朋友圈等基本功能架构不变的前提下，添加了诸如搜一搜、翻译等小功能，使主功能的使用更便捷。

这两类改进的性质完全不同：前者是从0分到60分，后者是从60分到100分。发明型创新的真正挑战主要是第一类。如果不修正这些缺陷，新发明就走不出实验室，或者局限在非常狭小的用途。例如，纽可门机因为太耗煤，所以只有煤矿才用得起；直到瓦特降低蒸汽机的热损耗之后，锡矿等非煤炭密集型企业才开始购买蒸汽机。

应对这类挑战，不仅要投入更多的努力，还要吸引、整合外部优质资源来共同创造。瓦特用分离冷凝器的设计，大大降低了纽可门机的热耗。但是，为了确保真空的稳定，既要密封气缸，又不能使活塞摩擦力过大。为此，瓦特尝试了多种材料：用木头、锡、生铁制成方形或圆形气缸，用皮革、棉布、橡木、麻絮、石棉以及多种铅合金来密封，用水银、石墨、牛油、肥皂、植物油润滑气缸壁，但效果均不理想。这个困扰了瓦特多年的难题，直到有"铁疯子"之名的约翰·威尔金森入局,才迎刃而解。威尔金森痴迷于钢铁事业,发明了在铸铁实心圆柱中钻孔生成圆筒的铸管技术,于1774年申请了专利。该技术可使气缸壁与活塞完美契合,摩擦很小,又不会漏气。1775年,威尔金森为瓦特展示用的两台蒸汽机制造了气缸。此后20年里,他的公司一直是博尔顿-瓦特机器制造公司的独家供应商。

挑战二:减少对种子顾客的依赖

各种新发明,都不乏为新奇特买单的"种子顾客""天使顾客"。扩散新发明,一个自然而然的做法是,首先去开发与种子顾客相似的人群,因为他们具有相似的需求、购买力、资源禀赋、认知。虽然这样做降低了推销的难度,但也容易对种子顾客产生依赖,窒碍了新发明的进化,延宕了其走向主导性设计的进程。

在电子计算机产业初期,不管是IBM公司的产品,还是莫奇利和埃克特研制的UNIVAC,都紧盯着国防部门、人口统计局、金融机构等顾客。纽可门机虽然在英国市场一枝独秀,还风靡欧洲大陆,成为许多大学的科研对象,但除了煤矿抽水汲水,"没人使用蒸汽机做其他的工作"。

鸡蛋放在一个篮子里是危险的,必须开发新的顾客,推动新发明向有别于种子顾客的客群扩散,以增强新发明的独立性、自生能力。这需要做到"三个突破"。

第一个突破:扩展用途。例如,ENIAC是为编制射表而生的,不能也无须应付更复杂的偏微分方程。冯·诺依曼首先作为"客户"参与进来了。1944年,作为曼哈顿工程的顾问,冯·诺依曼正思考原子弹的内爆问题,该问题涉及一系列复杂的偏微分方程组的求解。这年夏天,阿伯丁试验场弹道研究实验室与 ENIAC 项目的联络官赫尔曼·戈德斯坦中尉，在阿伯丁试验场的车站月台遇到了冯·诺依曼，便"冒昧地向这位举世闻名的大人物走去，向他做了自我介绍，然后开始交谈"，当冯·诺依曼了解到他们正研制一台每秒可进行 333 次乘法运算的电子计算机时，谈话的氛围便从幽默的闲谈变成"更像是数学博士学位的口头答辩"。这从根本上改变了电子计算机研制的前进方向，加速了它的进化。

第二个突破：将隐性成本显性化。 减少新发明对特定顾客的依附，也就是要减少对客户背后的资源禀赋、支付条件的依赖。为什么纽可门机的热耗问题持续了半个世纪之久？除了专利保护带来的怠惰，另一个重要的原因是成本隐性化。对煤炭企业来说，煤炭算什么呢？因为没有交易环节和运输成本，煤矿使用蒸汽机的成本比其他潜在顾客低得多。解决它，首先要意识到这是不合理、不正常的，要清楚地知道，煤炭企业使用蒸汽机的真实成本到底有多大，比其他潜在顾客少多少？这中间的差额，为什么就成了扩散的障碍？

第三个突破：引入合作伙伴，而非包办一切。 不管是出于保守商业机密的需要，还是发明家的偏好使然，新发明常常有一段"我能解决一切问题"的时期，只有发明家等少数个体或企业内部人士负责关键性修正，而不太考虑组建价值网络，引入合作伙伴。其实，价值网络既是利益网络，也是知识网络、人才网络。商业的本质就是共同创造，而非单打独斗；共享成果，而非独乐专美；共担风险，而非孤勇脆弱；共同进化，而非偏狭自矜。

挑战三：确保现金不断流

资金是企业经营的血液，没有不重视现金流的企业。然而，发明型创新者应当特别注意，务必避免现金断流。因为新发明一击而中找到真正的用武之地，是几乎不可能的。学者阿玛尔·毕海德（Amar Bhide）研究发现，"在所有最后能够成功的企业当中，有93%因为最初策略行不通只好放弃。"面对九错一对的概率，创新者必须确保有资金去进行下一次市场试验。然而，新发明自带性能跳跃的光环，经常诱导创新者仓促豪赌，或者搞所谓的战略性亏损。

英特尔是在为日本计算机械公司（Nippon Calculating Machine Corporation, NCM）定制一组计算器芯片时发明微处理器的。后来，英特尔通过谈判取得了微处理器在计算器以外领域的知识产权。然而，为微处理器寻找"归宿"可是费了一番周折，英特尔也为此付出了不菲的代价。微处理器的设计者，马西安·霍夫（Marcian Ted Hoff Jr.）提议将芯片销售给工程界，但市场部的反应很冷淡。决策层花了很多时间和精力去讨论它的用途，包括作为小型计算机的主要部件，作为烤炉、立体声收音机、汽车等的控制设备等。时任首席执行官罗伯特·诺伊斯，作为集成电路的发明者，相信手表才是芯片真正的用武之地，于是大笔一挥，斥资收购了一家数字手表公司Microma。然而，Microma很快就被日本手表公司打败。所幸，这个代价因为主营业务的蓬勃发展，不仅未对整个公司造成实质性伤害，而且还使微处理器业务继续活了下去，等到了它的春天。1975年，首台微型计算机诞生，微处理器的时代才真正拉开序幕。

当资本市场动能充沛时，创新者很容易融到资金，从而底气十足地实施所谓的战略性亏损。然而，真正的战略性亏损与"烧钱"是很不一样的，前者的产品、商业模式得到了市场验证，在这种情况下，盈余意味着客户范围太窄，对改进产品服务的投资太少，对即将到来的竞争过于乐观，因此，必须投入大量资金。而烧钱是在产品和模式未获验证就盲目投入扩大规模，终究会换来一地鸡毛。这不叫战略性亏损，应该叫战略性轮盘赌。

挑战四：组建强韧、互补的核心团队

彼得·德鲁克曾说："在现有企业中，业已存在的东西是企业家精神的主要障碍。而在新企业中，主要障碍是什么都缺。"除了正的现金流，发明型创新者还常常缺一个合意的核心团队。

发明型创新是产品化、商品化一种全新的事物，是一场充满风险、不确定性考验的旅程，没有强韧的团队，就难以乘风破浪。所谓强韧，有三条标准：挫折打不倒、压力压不弯、争吵吵不散，彼此有高度的信任，有共同的企图心和愿景，价值观大同小异；有不达目的不罢休的决心、毅力和干劲；每个成员都能识别出关键任务是什么，能达成一致意见，并乐于做出贡献，敢于对目标、成果负责。

强韧并不足够。一个好的团队还要在专业能力、知识背景上各有擅长，在个性上互补，否则算不上"搭档"。有一种互补，常为人忽略，即年龄上的少长相宜。年纪长者，阅历丰富，秉性成熟稳重，不妨称之为"导师"。

一般认为，"代沟"是沟通的天堑，但是，在一个创新团队里，代沟意味着阅历、智慧，是陈酿一样的存在。导师的作用是适度对冲青年人的意气，调和少壮派的分歧，有困难时兜底，顺风顺水时警示风险，看得更远，干年轻人不愿干、干不了、干不好的工作。导师一角可以分身，也可以兼任；可以常驻，也可以只在关键时刻现身。

不少案例显示，一个高效的创新团队不仅有"搭档"，也有"导师"。马修·博尔顿比瓦特年长八岁，与瓦特合伙之前，已是成功的五金产品制造商，视野开阔、雄心勃勃，具有瓦特缺乏的商业远见。正是他提出，"不仅是为英国三个郡提供蒸汽机，而是要为全世界制造蒸汽机，这才是它的价值所在"，描绘了瓦特蒸汽机的战略意图与清晰愿景；在才具方面，博尔顿"有能力把想法迅速落实到行动当中"，而瓦特"宁可对着装满弹药的大炮，也不愿意结算账目或讨价还价做交易"。

导师＋搭档式团队结构也见于惠普、英特尔、苹果、谷歌等知名企业发展的早期。在惠普，承担导师角色的，是两位创始人比尔·休利特、戴维·帕卡德的恩师弗雷德·特曼；在英特尔，罗伯特·诺伊斯自仙童时代开始，就一直是领袖式的存在；在苹果，除了斯蒂夫·沃兹尼亚克、斯蒂夫·乔布斯两位年轻人，董事长迈克·马库拉在半导体行业沉淀了丰厚的经验和人脉；在谷歌，埃里克·施密特是两位联合创始人拉里·佩奇、谢尔盖·布林的前辈。

挑战五：以跳水式的低价实现异质扩散

新发明要扩大影响力，迟早需面对支付意愿、能力都比先前顾客低很多的人群。他们在产品用途、具体要求、知识水平等方面殊为不同，却有一个显见的优势——数量庞大。

想要赢得这类顾客的支持，那就降价吧！不过，可不是20%的折扣，而是80%的折扣，是跳水式的价格下调。

20世纪50年代早期，无论由哪家企业出品，建造一台大型科学计算机，成本都在100万美元上下。但是，IBM成功开发了一款报价仅20万美元的廉价产品，更以此价格60%的折扣大量销售给大学，只要后者答应开设计算机课程。靠这款机器，IBM超越了行业先行者，后来居上，奠定了自己在大型计算机时代的王者地位。

亨利·福特的T型车与之类似。1900年，美国登记在册的机动车仅8000辆。当时，汽车还是炫耀性商品，只有富人才买得起、养得起，马车、铁路才是交通运输的主流，"美国每年用来养马的费用是20亿美元，约等于铁路养护

第二章
发明型创新：性能跳跃者崛起

的费用。纽约的城市管理者每个月需要清理 4.5 万吨马粪"。汽车所需的基础设施也远不完善，1909 年，全美 220 万英里道路，只有约 8% 是铺了碎石的"改良道路"，硬面公路只有区区 9 英里，也几乎没有加油站。多数人的活动范围非常有限。许多平民不仅不奢望汽车，甚至憎恨汽车。

亨利·福特通过几个关键动作，大幅降低了汽车售价，创造了大众市场。第一，设计一款通用的汽车，具备质优、操作简单、动力足够、可靠、轻便等特点；第二，只生产这种车型——T 型车；第三，借鉴芝加哥食品包装厂加工牛排所用的空中滑轮，引入了流水线；第四，为解决每年 370% 的人员流动率问题，于 1914 年将工人的日薪从 2.34 美元提升到最低 5 美元，并将每周 6 天工作日改为 5 天，大幅降低了人员相关的成本，并培育出部分潜在的客户；第五，纵向一体化，将效率提升极致化。T 型车的价格，从 1909 年的 950 美元降至 1927 年的 260 美元。按 1914 年的工人日薪计，1927 年，一位工人工作 32 天就能买一辆车。

实现跳水式的价格调低，并不是简单做减法、低配化就能做到，而是要全面考虑目标市场典型顾客的实际状况和综合成本，然后去除一切不必要的成本，减少不必要的功能，降低不必要的高性能，尽可能地让产品变得相对简单、易用，变得更通用、大众。这要求创新者对各个环节进行"从零开始"式思考，抹去一切条条框框，不设限地问：为什么必须这么做？能不能用其他非常不同甚至让"业内人士"大吃一惊的方法？

例如，T 型车"只有四个结构单位：动力系统、车架、前轴、后轴。所有这些都很容易使人懂得，它们之所以这样设计，就是为了人们不需要什么特别的技能，便可以对它进行修理或更换"。当时，汽车修理非常昂贵。这样极简的设计，让福特进到了一个"大众循环"："一件东西越简单，便越容易制造，就可以以越便宜的价格出售，因此也就越可能进行大量的销售。"

此外，创新者还要积极研发或采用"使能型技术"，即"能够以越来越低的成本带来越来越高的绩效的技术"。流水线就是一种使能技术，今天的互联网也是。

这种扩散事实上创造了一种新的产品概念。在福特眼里，"汽车可以通过五金商店来出售，就像钉子和带子一样。"这种概念，与高昂的售价＋专门的维修保养式汽车完全不是一回事，前者是一个机械消费品，后者事实上是一套硬件＋服务的解决方案。

而且，以跳水式的低价向异质客群扩散，也是通向主导性设计的终南捷径，推动着主导性设计进化；其策略，即克莱顿·克里斯坦森晚年强调的"开辟式创新"（cracking frontier market）。这种创新，就像在不毛之地建成鱼米之乡，不仅拓展了新发明的客群，还具有极大的溢出效应。例如，汽车业的腾飞带动了钢铁、玻璃、木材、橡胶、油漆、棉花、铁路和航运等行业的发展，促进了道路、学校、餐饮、旅馆、建筑、郊区、旅游、加油站、炼油、交通巡警、交通法规、汽车金融等事业的发展。其中，"路桥建设每花费10亿美元，就创造4.8万个就业岗位，消耗1600万桶水泥、50万吨钢材、1800万磅炸药、1.23亿加仑的石油制品。"而道路的建成，降低了运输成本，从22美分/吨降低到12美分/吨，推动了城市内与城市间的贸易繁荣；良好路况的出现，让美国乡村入学率从57%提升到77%等。

说服顾客的阶段性策略

发明型创新的扩散，可从埃弗雷特·罗杰斯（E.M.Rogers）的扩散模型

第二章
发明型创新：性能跳跃者崛起

获得启发。这个模型表明，一种创新产品累积的顾客数量，与时间的关系，呈 S 形曲线；非累积的顾客数量，与时间的关系，是钟形的正态分布曲线，因为一个市场中的潜在顾客，购买、使用新发明有先有后，购买的关键理由（买点）也不尽相同。市场中的顾客，可据此大致分为五类（如表 2-1 所示）。

表 2-1 罗杰斯的五类采纳者

采纳者	关键词	特点	占比
创新先驱者	冒险精神	"走南闯北"的盗火者：对新事物有浓厚兴趣 具财力、知识优势和抗风险能力	2.5%
早期采纳者/意见领袖/枢纽节点	备受尊重	"地方主义者"：既成功，又慎重 占据信息、意见传播网络的中心；把握舆论导向 受同伴尊重，是其他成员的效仿对象	13.5%
早期多数/早期追随者	深思熟虑	非意见领袖，谨慎跟随潮流 既不当出头鸟，也不当保守者 同伴效应突出	34%
后期多数/后期追随者	谨慎多疑	考虑经济利益和社会压力 持小心翼翼和怀疑的态度 在不确定性逐渐减少或完全去除后才采用	34%
落伍者/顽固派	传统保守	对创新持怀疑态度，抵制创新 收入不稳定、财力物力有限 采纳条件：100% 不会失败	16%

注：根据罗杰斯的著作整理。

"创新先驱者"（innovators）是第一批吃螃蟹的人，约占市场容量的 2.5%，可谓百里挑一，也即前文说的种子顾客、天使顾客。这个群体对新事物、新思想有浓厚兴趣，社交圈子超出了本地，通常财力、识见、知识优势突出，具有应对不确定性和高风险的能力，但未必受社会系统内其他成员的尊重，因为其行为与群体的价值观不太相容，做派也常为主流群体轻视，角色如普罗米修斯一般，将火盗入系统内。

例如，说唱音乐刚在美国出现时，非常不受主流待见：强大的节奏感、煽情的表达方式以及源自贫民区低收入黑人群体的"出身"，与当时占主导地位的欧洲抒情音乐完全是两个世界，所以，大部分广播电台都拒绝播放它。说唱乐靠什么赢得了少数先驱者的接受？"迎合了社会中上层年轻人反抗父母和社会的心理"。

早期采纳者（early adopters）紧随其后，占 13.5%，是社会系统中的意见领袖，社交网络的中心节点，备受他人尊重，是其他人获取信息、请益咨询、寻求帮助的对象。这个人群的支持，是对创新的强大背书。例如，20 世纪 90 年代中期，一些知名音乐公司开始制作说唱乐，出现了专门播放说唱乐的电台，一些艺人进一步发扬了说唱风。如果无法赢得意见领袖的认可，创新者就须反思，是不是产品有什么缺陷，或者是否需要另寻市场。

早期多数/早期追随者（early majority）承上启下，是主力人群之一，占 34%，既效仿意见领袖，又与同辈同伴相互作用、相互影响，既不做"第一个吃螃蟹的人"，也不肯当"遗老遗少"，而是谨慎地跟随潮流。

晚期多数/后期追随者（late majority）同样占到 34%，是理性、实用的稳健派，而非跟风者，完全是因为产品的实际利益和社群压力而采用创新产品，只会在创新方案的不确定性逐渐减少甚至完全消除后才会购买。

最后是落伍者（laggards），"顽固派"，通常财力有限，安全感低，不愿意冒任何风险，只有确信 100% 不会失败时才会不情愿地接受新事物。

这"五大类别之间没有明显的断层"。不过，发明型创新的扩散相对缓慢，有一个教育市场的过程，因此，创新者可以分阶段推进营销策略：

第一阶段：找到"盗火者"。前所未有的新奇特最具吸引力，盗火者有强烈的好奇心，希望和众人不一样，非主流既是一种生存状态，也是一枚标新立异、不落俗套的勋章。

第二阶段：赢得意见领袖的背书。必须将创新品的价值"翻译"为社会地位、尊重、声誉、成功、有效，才能让意见领袖倾心侧目。

第二章
发明型创新：性能跳跃者崛起

第三阶段：打消主流人群的疑虑。 早期多数不想做潮流的引领者，害怕"枪打出头鸟"，但更不愿意落在人后。因此，不妨让他们知道意见领袖在做什么，提醒是时候变成潮流的一员了。很多广告主常用"销量遥遥领先""××市场第一"等表达，就是为了吸引这个人群。

第四阶段：告诫未采纳者正滑向落伍的边缘。 要信服地证明创新产品的经济价值，确定没有可怕的风险，并适时地提供优惠。

当然，关键的挑战在于抵达"临界多数"（critical mass）。这个概念源自物理学的"临界质量点"，"如果原子反应堆达到临界质量点，便会自发出现核连锁反应"。当创新采纳者的数量越过临界多数后，"只需要很少的促销活动，单靠现有的社会动力就会让创新自行扩散下去。"研究表明，"当累计的采用者达到5%～20%时，同伴的影响就能促成创新采用率的快速攀升。"换言之，只要得到了盗火者和意见领袖的认可和接纳，扩散的任务就算完成了一多半。

创新者的比赛：锚定顾客，而非对手

每种创新都涉及两类竞争，一类发生在创新者之间，另一类是新事物和旧事物的较量。发明型创新这两类竞争是大体分开的。

第一类竞争，主要围绕供需范式的中心地位展开，焦点是成为产品主导性设计的代言人、引领者。竞争规则是田径赛，而非对抗赛，比拼的是哪一家企业能有效应对前述五大挑战。赢的关键，不是发明权的归属，而是最终交付给市场中多数顾客的价值。在同质扩散中，更快修正显性缺陷者，先占据市场；在跨越客群边界的异质扩散中，根据新顾客的需求调整产品的速度，尤其是发现、修正隐性缺陷的速度，是制胜法宝。

在试验期，新发明的产品化是一个频繁调适的过程。发明型创新者要避免发明家思维。这种思维看重独特性、独创、发明权、原创，热衷于比拼技术。但是，发明权的归属很少是顾客的买点。英国物理学家约瑟夫·斯旺（Joseph Swan）发明灯泡的时间与爱迪生相同，而且技术更好。但是，爱迪生不仅考虑技术问题，而且思考顾客（电力公司）、融资、给用户的接线权、分销体系等与发明无关的议题，还推进玻璃罩、真空管、闭合和发光纤维等技术性工作。最后，斯旺把自己的专利卖给了爱迪生，老百姓则记住了爱迪生，而不怎么知道斯旺。

发明家思维本质上是以发明家、企业为中心，而不是以顾客为中心。以顾客为中心，是满足多数顾客的普适需求，而不是围着少数顾客转，更不是顾客所有要求都满足。从某种意义上说，发明型创新的"顾客画像"越精确，离大众越远。而大众化的基本原则是，目标顾客的数量越多，产品就应该越简单、越易用，价格就相对越低。以顾客为中心，也不是必须先询问顾客的诉求是什么，正如亨利·福特所说，"在汽车出现之前，去问顾客想要什么，他们会说'一匹更快的马'。"

发明型创新者不要锚定对手，实施差异化、聚焦策略，应当学习、吸收一切合理的要素，放弃一切华而不实的小众特色。在移动版即时通信工具市场，小米米聊比腾讯微信先上线，却很快输给了后者。诚然，一个应用开发项目组，与一家社交工具巨头相比，资源、知识不在一个量级。但是，不乏小团队做成大创新的案例，因此，从反求诸己的角度看，米聊的失败，或与它不适当地将微信视为差异化竞争者有关。例如，米聊团队率先推出"涂鸦"功能，并揶揄微信不要"抄袭"自己。事实上，十几年过去了，微信迄今也没有上线该功能，因为它太小众。用对抗赛的方式参加田径赛，显然是走错了路。

新旧之争：彻底替代，较少对抗

虽然发明型创新对旧事物的破坏非常彻底，但对抗总体而言是少的。

第一个原因，被破坏者对新发明的感受有点矛盾和复杂。一方面，它提供了自己望尘莫及的性能优势，既新奇，又可怕；另一方面，也将被破坏者从事倍功半的低效中解放出来。譬如，电子计算机的确破坏了人工计算员的生计，甚至鸠占了"computer"一词，但它不仅解决了顾客的难题，同时也减轻了人工计算员的压力。

第二个原因，旧势力的劣势明显，趋势不可违，反抗本质上是无谓的挣扎，不如趁早另寻他途。例如，电话、电子邮件提供商，和传统信件投递服务，隔着相当远的距离，虽然是威胁，对抗却名不正言不顺；制造工厂变无人工厂，工人知道机器臂、机器人、工业互联网抢了自己的饭碗，但又能怎样？做一个卢德运动者，捣毁机器？经营者只需另起炉灶，在别的城市建设"无人工厂"，然后逐渐削减传统生产线的任务，颠覆就悄无声息完成了。

第三个原因，新发明扩散周期较长，旧势力的痛感是零星、不同步的，所以，即使有对抗，也很难成势。例如，IBM眼中的"计算机市场的T型车"，总销量也不过2000多台。这样一个量级，很难引起排山倒海般的对抗。

第四个原因，新发明具有溢出效应，可能为旧势力创造新机会。1956年4月，"集装箱之父"马尔科姆·麦克莱恩打造的集装箱船首航。起重机装船耗时仅8小时，每吨货物的装船成本仅为16美分，不到散装货船每吨成本5.83

美元的3%。码头工人意识到威胁后，以罢工阻止麦克莱恩的集装箱装船。罢工持续了一段时间，差点让麦克莱恩破产。但是，集装箱的出现，帮港口抢回了不少被陆路运输抢走的生意。更多的生意，更好的工作条件，使集装箱最终赢得了港口和工会的支持，"在（美国）西海岸，工会甚至认为雇主们在拖延自动化的推进"。

最后，并不是所有新发明，尤其是一些填补市场空缺的小发明，都有明确的破坏对象。二十几年前，市场上出现了一种坐姿矫正带产品。这款产品技术含量不高，不过的确是一项实用新型专利。批评者痛斥它是典型的"智商税"产品，认为它不会有任何实际效果，一些专业人士甚至质疑它不仅无益，反而有害。不过，市场热情接受了它，并一直售卖到今天，以至于一些厂商以"专注矫姿25年"为卖点，使用者也从早期的儿童、青少年扩展到了成人，可见需求是真实的。如果说它破坏了什么，也许就是父母不厌其烦地提醒孩子注意坐姿、免于驼背风险的状态；它也许根本不具矫正的功效，但成功地替代了父母的"婆婆妈妈"，既解放了顾客（父母），也让用户（孩子）的耳根清净。而许多久坐电脑前的成人，总是无意识地猫着腰，用上这样一款产品，作用大概与古人"头悬梁，锥刺股"相似，只是目的不同。

第三章

渐进式创新：领先者的主场

主导性设计的出现，从0到1的试验期便渐告终章，"百花齐放，百家争鸣"交棒给更高、更快、更强、更好的比拼，竞争规则从淘汰赛变成排位赛，主角变成渐进式创新。

入局的所有企业，都服膺于某种主导性设计，在得到验证的市场中跑马圈地，谁能更快、更高效、更充分地发挥主导性设计的潜力，谁就能占更多的市场。本阶段赛局的终点是，参与者都盘踞一些细分市场，都力图构筑起竞争壁垒，深挖护城河，保护好自己的地盘，阻遏其他企业的觊觎，"先为不可胜"，同时紧盯着其他生态位占据者的可胜之处，伺机蚕食、吞并，做大做强。

改善的十个方面

试验期的异质扩散，使新发明的产品形态不断调适，因此，主导性设计出现时，很可能已与发明的原型大相径庭。此时，无论是显性的缺陷，还是隐性的扩散障碍，都已经修正或消除。不过，产品仍不免单薄、粗放：顾客虽然为性能飞跃跃跃欲试，却也不乏取舍，承担了相当多不经济的隐性付出，不专业的价值供给。

企业马不停蹄地提高产能，铺设更多的销售渠道，做更多广告扩大影响，真可谓"时间就是金钱"。不过，随着量的扩张，质的改善也开始成为竞争武器。

改善与关键性修正不同。关键性修正针对的是新发明的"硬伤"，运转不可靠、不稳定，价格太高，综合成本过高，严重的安全隐患，使用门槛太高等。改善是这些问题已控制在相对合理的范围之内基础上的精益求精、臻于完美。如果说主导性设计是以抽象的多数顾客为中心，那么，渐进式创新则要求产品越来越亲具体的顾客，着力点有以下十个方面：

1. **质量更卓越**。不断提升良品率，不仅可减少质量事故、返修、退货带来的成本，还可为品牌价值加分，必须坚持不懈、千锤百炼。

2. **功能更完善**。一方面，增加一些辅助性功能，使核心功能更强大，并使产品的内涵更饱满。例如，设置保鲜区和干果区，使冰箱的食物存储功能更完备，用途更多，适应性、兼容性更强。另一方面，优化功能结构，使主辅功能的配合更高效、流畅。例如，传统的驾车仪表盘或车载屏幕，要么位置太低，要么在驾驶员的旁边，因此，司机须低头或转头才能查看时速、导航等关键驾驶信息，通过平视显示系统，可使这些动作变得多余，使司机专注于前方路况。

3. **性能更强大**。产品各项功能的性能水平越来越高。例如，手机摄像头的像素越来越大，拍出的照片越来越清晰，处理器的速度越来越快，能耗越来越低。

4. **使用更简单**。第一，人机交互界面更易理解，降低了使用者的知识门槛和学习成本；第二，操作更流畅。产品的情境化水平提升，使相关操作的衔接更自然，如行云流水般连贯；第三，配套更专业、完备。例如，为产品配备可视化的操作指南，而非一纸文辞晦涩的说明书。

5. **细节更用心**。第一，产品设计更符合人体工学原理；第二，对细节的考虑更全面周到，无微不至，更具工匠精神。我们曾调研过一些早教机构，发现其产品大同小异，仅是侧重点略有不同，师资水平也大体相当，与教师个体有很大的关系。但是，其中一家机构的教学环境设计更为用心。例如，教室门左右两边门缝，在一定高度以下，均锯出一定空间，包裹上软性材料，防止夹手。

6. **外观更宜人**。第一，产品的体积越来越小，越来越轻便；第二，设计更精美，加入更多美学元素；第三，定制化服务，满足顾客的个性化要求。

7. **特色更鲜明**。一个产品常有多个重要买点，企业可择其一作为重点，发展为自身的特色，打造出其他品牌遥不可及的性能优势。

8. **交付更高效**。产品价值的交付闭环越来越完备、高效。在市场层面，渠道、终端覆盖越来越广、越来越密集。在此基础上，第一，包括配送、安装、调试、运营、维修等环节的服务更专业、更经济，更少等待，使客户的总成本趋于最小化；第二，通过零组件标准化或模块化，使交付的适应性更强。

9. **沟通更顺畅**。顾客的抱怨数据及时反馈给产品研发部门，助力产品迭代升级。

10. **性价比更优**。功能扩展，性能提升，外观精美，质量一流，但不是以价格的大幅攀升为代价。例如，在半导体行业，摩尔定律使性价比持续优化。

领先企业的五种优势

在主导性设计竞赛中"剩"下来的企业，当仁不让是主导性设计的代言人、引领者。它们在改良改善上具有五大优势，使追随企业很难通过渐进式创新策略，正面挑战其市场地位。换句话说，做得更好这件事，是在位企业的主场。

顾客认知的先发优势

企业的产品、广告宣传，若不能触及顾客的认知，是无法"卖货"的。因此，研究顾客的认知，是创新者、企业家的早晚课、赢的基本功。现如今，虽然信息爆炸、观念洪流，但人的认知活动仍遵循着相似的法则。这些法则是长期进化的产物，不会轻易改变。

首先，信息存储在观念之中，观念是信息的组织方式。单纯的、零乱的信息很难出现在观念之镜中。所以，传播的前提是，将信息组织为有意义的观念。

其次，顾客依据已有的观念，对信息做筛选，只会注意到并存储三类信息：一是与既有观念一致，可强化信念，增加自信、自尊；二是与旧观念相反，源自规避风险的本能；三是出乎意料的信息，受好奇心、自我实现动机的牵引。

最后，大脑容量是有限的。因此，大脑按两个原则存储观念和信息。第一，尽可能多地以"品类"的方式存储异质内容；第二，尽可能少地存储同质但有差异的内容，对相似信息只赋予有限空间，基本上以完整描述品类为限。心理学家的研究表明，同一类事物，人们能记住、接纳的平均上限为"7"。

因此，说服顾客，第一，要用简洁的观念统领信息，堆砌信息只会制造混乱。简洁到什么程度最佳？"一口之量"，一句话讲清楚，甚至用一个词语代表，"一些强大的产品都把焦点集中在一个词上"；第二，最简洁的方式是创造新品类，使品牌成为新品类的代名词，在"7"序列中靠前，从而赢得越多；第三，重复简洁的信息，不要用所谓的创意干扰观念的传播。

新发明即创造新品类，表达的观念是，通过性能飞跃，拯救顾客于低效困窘之中；主导性设计，通常平均"7"个关键要素。一旦在位企业的产品各自代言了这些要素，即处在易守难攻的优势地位中。靠后的观念想取代靠前的观念，或后来者意图通过彰显自己更优来跻身"7"系列，几乎是不可能的。因此，竞品即使真的好很多，也很难通过正面进攻的策略获胜。这就是顾客认知的先发优势。

有效组织的分合效能

企业的组织架构看似相差无多，效能却大不相同。组织的本质，就是既要分工，又要协同。卓越的组织，分工分得合理，合作合得高效。

那么，怎么分算分得合理呢？聚焦价值创造和交付，按产品主导性设计的关键要素来分任务、配资源、定目标、促激励。如果主导性设计还处在争鸣与竞争的阶段，却以稳定的组织结构来分合，必是张冠李戴、僵化盛行、效率低下；反之，如果已然稳定，却仍然随意无度、自行其是，势必混乱不堪。

第三章
渐进式创新：领先者的主场

怎么合算合得高效呢？相关职能齐备，运转良好，不仅尽职尽责，还具有较高的水平，而且衔接、协同流畅；不仅关注当下，还有清晰的方向和蓝图，大胆对新技术进行投资。例如，市场人员认真倾听客户的意见，并记录下来，快速反馈给研发部门，研发者认真审视这些意见，将其体现在产品改进计划中。

哪些技术路线、设计方案行得通，哪些是走不通的死胡同；哪些技术是有效的，哪些是看上去先进、高级实则无用的花架子；哪些功能、性能指标是多数顾客重视的，哪些是少数顾客的吹毛求疵……主导性设计的发起人、引领者因为过的桥比后来者走的路还远，所以具有先发优势，从而在内部的沟通渠道、议题设置、资源分配、目标考核体系先行剔除已证伪的错谬主张，使资源、人才、注意力、努力集中到产品改进的重点、难点、紧急点上。由于抓住了牛鼻子，市场会不吝奖赏；员工不仅在财务上收获颇丰，也从工作本身获得创造的欢乐、比对手优秀的快意，体会到团队协作的魅力和文化上的归属感。

良性循环的知识壁垒

任何企业都有大量的知识，具有竞争力的知识包括：第一，研究院里的新发现、新发明专利；第二，野中郁次郎所强调的"员工头脑中潜在的想法、直觉和灵感"；第三，关于顾客和市场的知识；第四，将前述几类知识"综合起来加以运用"的知识。

因此，知识管理的任务，除了生产新的知识，更要发现新知识，使企业与相关的知识网络实时连接，并有效互动。在位的领先企业更容易建立起良性循环：重视知识管理－投入丰厚资源－招募优秀人才－开发、获取先进技术－应用到产品并投放市场－赢得更多收益和利润－更加重视知识管理……

此外，知识网络中的其他知识创新者，例如，大学、科研机构、小型创新企业，也更偏好与大型企业合作。

优秀人才的聚集具有"虹吸效应"，一个杰出人才会吸引一批卓越人才；一个重大的突破，会带来一系列的进步，因此，有效的知识管理会形成高峻的竞争壁垒。

联盟并进的生态合力

领先企业不是单枪匹马，而是作为中心企业领导着一张价值网络。价值网络中的其他企业与之联动、共同进化。

中心企业如何领导价值网络？首先，深挖主导性设计的潜力，成为多数顾客的选择；其次，通过持续而大量的投入，确保自己对核心组件的控制力，掌控其更新的节奏，使合作伙伴不得不追随，甚至自愿追随；最后，通过合作协议，强化关键伙伴间的协作。

有时候，联盟的力量非常强大，大到可以定胜负。20世纪80年代初期，IBM进入微型计算机市场，重挫了苹果公司。多年后，乔布斯复盘了这次对抗："尽管IBM的第一款产品十分糟糕，但我们太轻敌了，我们忽略了很多人的利益与IBM捆绑在一起，如果没有这些帮助，IBM早就输了。IBM的确很高明，它建立了强大的同盟阵营，终于救了它一命。"

20世纪80年代中后期，英特尔经过反复权衡，在高性能的复杂指令集（CISC）和低能耗的精简指令集（RISC）中选择了CISC。事实证明，PC芯片，英特尔选对了。不过，它并没有忽视RISC。1997年，英特尔从康柏公司旗下的数字设备公司（DEC）购得基于RISC的StrongARM架构，并于2002年2月将其升级为XScale，意欲将个人电脑（PC）市场的成功复制到移动通信市场。

第三章
渐进式创新：领先者的主场

然而，尽管英特尔是巨头，投入不菲，却遭到了德州仪器、高通两家在位企业的联盟阻力，迟迟无法打开局面，未能赢得摩托罗拉、诺基亚等一线厂商的支持，只能与二线厂商合作，一直巨额亏损。就在它壮志未酬之际，PC芯片市场的老对手AMD攻势强劲，使英特尔后院起火。因此，它不得不收缩阵线，不仅回绝了苹果公司的手机芯片定购意向，还将手机芯片业务打包出售，在移动互联网时代的前夜退出了市场。

规模效应的成本领先

规模是商业的灵魂。没有规模，就没有注意力，没有话语权，没有地位，没有尊重，也没有低成本和价格竞争力。主导性设计和规模是同义反复，或者互为因果。因为主导性设计，所以具有规模；因为规模大，所以是主导性设计。因此，领先企业的规模，以及由此带来的成本优势，使同类追随者最难弯道超车。

当然，实现规模效应，不仅仅是因为企业是主导性设计的代言人，也因为规模效应本身具有自我强化的特性，正如"竞争战略之父"迈克尔·波特所分析的，"实行低成本战略，可能要有很高的购买先进设备的前期投资、激进的定价和承受初始亏损，以攫取市场份额。高市场份额又可进而引起采购经济性而使成本进一步降低。一旦赢得了成本领先地位，所获得的较高利润又可对新设备、现代化设施进行再投资，以维护成本上的领先地位。这种再投资往往是保持低成本地位的先决条件。"

这五大优势，是环环相扣的整体，其他企业难以模仿，也难以超越。因此，当微信坐拥数亿用户后，任何宣称比微信更好的挑衅，腾讯都不必严阵以待。事实上，那些高调的挑战者都迅速偃旗息鼓、烟消云散了。

非头部企业的对策：差异化

渐进式创新的破坏性主要体现在两个方面：第一，新版本对旧版本的取代，即主导性设计的迭代升级，几乎不会有什么反破坏的行为；第二，以极高的概率粉碎后来者、挑战者的正面进攻，创新者以强胜弱，实在没什么看头。

那么，是不是意味着，其他企业毫无机会，唯有一退了之呢？当然不是。事实上，大多数行业都不是独此一家、别无分店的买卖，因为没有一个产品可以覆盖所有情境，服务所有人群，穿透所有市场，可以七十二变地满足所有顾客的要求，具有无限的供给能力。只要市场格局不是赢家通吃型，差异化就是合意的对策：突出"设计或品牌形象、技术特点、外观特征、客户服务、经销网络以及其他方面的独特性。最理想的状况是，公司使自己在几个方面都标新立异"。

1. **中心－边缘**。在位企业在一线中心城市领先，其他企业可率先进入三四线城市。此法，中国本土企业作为后来者与外企竞争时屡试不爽。譬如，娃哈哈公司推出非常可乐时，避开可口可乐、百事可乐占优的大城市，凭借其强大的经销商网络及终端触点迅速切入三四线城市及乡村，一战告捷。

2. **"割据"错位**。领先企业崛起于东部市场，其他企业可割据其他区域市场。例如，啤酒，北京有燕京，东北有雪花，青岛有青啤；乳制品，内蒙古有伊利、蒙牛，上海有光明，北京有三元等。此时，产品可以大同小异，差异化主要体现在产品的交付、渠道、顾客认知等。

3. **塔尖－塔基**。在位企业盘踞中高端市场，其他企业可深入塔基市场。例如，苹果公司的消费电子产品在外观设计、性能、易用性等方面均具优势，但定价也高，新创企业小米等从服务低端市场起步，并迅速成长。

4. **to C 与 to B**。如果领先企业是 to C 的，其他厂商可考虑 to B 模式。例如，

第三章
渐进式创新：领先者的主场

金融科技公司擅长获客、运营，多直接面向金融消费者，以产品经纪或直接获取金融牌照为商业模式，冰鉴科技反其道而行之，只为银行、保险公司、消费金融公司等金融机构提供智能风控的技术服务。

5. 买点聚焦。一件产品通常有多个基础功能、多个买点，顾客出于个人观念和预算的考量，对这些买点有不同的排序，有的要求高，有的达标即可。因此，不同厂商可择其一作为差异点，做强性能，其他功能追随同级产品即可。例如，性能卓越、超级安全、乘坐舒适、高科技加持的汽车，可以说无人不爱，但是，愿意且能够为"完美汽车"付费的，就少之又少了。大多数人都知道自己最看重的指标，基于预算做取舍。所以，沃尔沃汽车，避开奔驰汽车主打的乘坐体验、内饰豪华，宝马的"驾驶机器"、性能卓越，而聚焦安全性能。

6. 通用－专用。在位企业面向通用情境，其他厂商就瞄准特定情境，实施聚焦式差异化战略。例如，微信服务大众的日常社交，钉钉以办公室为切入点；普通PC受众广，苹果麦金塔电脑在平面设计、媒体等领域颇受欢迎。

7. 大众－小众。通用/专用是情境的差异化，大众/小众更多从顾客的角度来差异化。例如，主流厂商都将智能手机定位为消费电子产品，但纬图（VERTU）把手机作为服务的连接器和入口，面向高收入人群提供"私人管家"服务。只要一个市场足够大，就一定存在广泛分布的长尾市场。过去的小众市场，在互联网时代，也可以变成"中众"规模的市场，甚至成为爆款、网红，跻身头部。例如，相对于牛奶，羊奶、骆驼奶、牦牛奶、马奶等是小众的、地方性的，但是，由于互联网强大的聚合、传播、撮合功能，这些小众产品突破了区域限制，成长为规模较大的品类。再比如，螺蛳粉原本只是广西柳州的地方食品，在网络直播等新媒体的推波助澜下，如今已是年产值数百亿的大产业。

这些差异点，通常是彼此关联的，是相互交织在一起的，因而有多种组合模式，市场也形成了阡陌纵横之状。所有企业都在各自的势力范围之内，不断推进相似但不同的渐进式创新，改进产品、服务，提升产品的性价比、顾客的满意度，将产品主导性设计的影响力最大化。

警惕渐进式创新陷"窘境"

主导性设计的统治地位全方位确立后，供需范式开始步入成熟期。此时，行业增速大幅放缓，产品日渐趋同，曾经的差异点如今已是标配，企业想要进一步增长，推倒细分市场的边界，跨过其他企业的护城河去攻城略地就是选项之一；竞争也从各安其位的差异化，向正面对抗的准零和博弈演变，商场越来越像角斗场，残酷而刺激。领先企业凭借渐进式创新的优势，份额和利润会进一步增长，其他企业则深陷"红海"，勉力支撑。

此时，领先企业不乏独孤求败式的睥睨天下，也易陷入封闭式的自循环孤岛，开始对异质知识视若无物。例如，内燃机成为汽车行业的主流后，工程师便不太可能把它的手下败将——电力驱动当成日常工作的头等大事；内燃机的替代性方案，也难以出现在研发人员的绩效考核指标（KPI）中。久而久之，论及此事显得外行，甚至荒诞。市场人员，则习惯了利润丰厚的客户，会认为那些买不起或拒绝购买的消费者用不着此类产品。

这种状态，就是所谓的"创新者的窘境"：尽管"锐意提高竞争力，认真倾听消费者意见，积极投资新技术研发，管理良好，仍然丧失了市场主导地位"。但是，危险并不是倏忽即至的，而是早有迹象可寻。

第三章
渐进式创新：领先者的主场

危险信号1：非理性的竞争

> 来玩一个游戏：竞购1美元。
> 拍卖的规则是：
> 出价者不能相互通气；
> 起拍价5美分，每次可加价5美分；
> 最高出价不能超过50美元；
> 价高者得，但出价前两名都要支付自己的报价，因为拍卖方要回收成本。

很多人看到第三条规则会想，谁会花50美元购买1美元？的确，最终报价不会虚高到如此程度，但也比合理的报价要多。这个心理学实验在哈佛大学、耶鲁大学等知名学府进行了多次，平均"成交价"远远多于1美元。可是，当报价超过1美元时，竞拍者已经亏损。难道实验是在假的哈佛、耶鲁进行的？为什么人们明明知道得不偿失还要继续抬价呢？

答案是，赢得游戏的冲动使报价者骑虎难下："被试者起先是被自己的利益所驱使，但是，渐渐地，他们的动力变了。随着竞价的进行，开始关注赢得竞争、保住面子、使损失最小化，并且惩罚竞争对手，因为是对手使他们陷入窘境。所以，通常只有两个竞价者在最后还保持活跃。"

在对抗赛中，必须知己知彼，紧盯着对手的一举一动，否则，就要吃大亏。《孙子兵法·用间篇》严词批判了不仔细研究对手的战将，"不知敌之情者，不仁之至也，非人之将也，非主之佐也，非胜之主也。"但是，这种对抗也可能演变成内卷化的加法游戏：产品的功能越来越多，性能越来越强，采用的科技越来越先进，外观设计得越来越高端……用朴素战略观来描述，就是"你无我有，你有我多，你多我精，你精我强"……总之，我不能比你差！其中的逻辑，和拍卖 1 美元游戏中的目标转移是极为相似的。

近几年，智能手机就发展到了这个阶段。不少厂商的新品发布会，成了"内涵"对手的"脱口秀"，例如，在这个设计上，我是世界第一，前无古人，你也不要成为来者，追随我就是抄袭、小偷；在那个功能上，我的性能是碾压、吊打级的优势；这个元器件上，我采用自研核心科技，你想抄都不知道从哪下手……例如，手机摄像头像素、功能的竞赛，就是这种竞争模式的生动写照。

虽然言辞上的争锋，不乏营销的意图，但是，公开的表达终究要以产品研发为基础，因此，也或多或少反映了企业研发的思路和策略。当竞争开始出现并增多这类对抗时，就过多地锚定对手而非顾客了，诸如面子第一、"宁肯自损八百，也要伤敌一千"等观念已绑架了战略注意力，一只脚已踏入非理性区域。

危险信号 2：利润多到超乎想象

市场份额不断增加，客户满意度越来越高，利润越来越多，股价一再攀高，给股东的分红相当优渥，企业位居各种排行榜前列，老板与知名媒体侃侃而谈，员工薪酬、福利好到让人艳羡……这不是皆大欢喜吗？为什么利润超级多是值得警示的危险信号呢？

首先，"日中则昃，月盈则食。"利润增长超乎想象，一方面说明企业的工作卓有成效，但另一方面也表明，企业对未来的投资、布局存在问题。

其次，过多的利润、过多的现金，可能成为"坏钱"，使领先企业轻率地力推一些不成熟但概念新奇的产品。不少案例表明，拔苗助长的产品失败之后，时机才姗姗到来，但此时新项目已难再登决策者的议事日程。

最后，来得太过轻巧的利润，还会助长绩效主义的蔓延。没有比利润、

第三章
渐进式创新：领先者的主场

分红更清楚、更让人激动的目标了，既然工作都有效地做出贡献，近乎确定地获得回报，那么，每个人的工作都可以和市场绩效挂钩，绩效目标变成文化，甚至信仰。CEO 像 CFO，只需分析财务数字的走势，就能洞察一切；管理者则像工头，不断督促、激励下属完成业绩，然后分钱。真正想创造新发明、新事物的人，也需要填写关于绩效的预期、目标，否则，得不到任何支持；假如有人研发出现有业务的替代品，大概率会被雪藏，因为侵蚀潮水般涌入的利润，是站在了所有人的对立面。

久而久之，整个企业就变成乔布斯眼中的施乐，"产品部门的人被边缘化，公司丧失了打造优秀产品的热情和能力。产品部门的功臣，慢慢被不懂产品的人排挤，后者通常缺少研发产品的技术和能力，而且也并非打心底愿意替客户解决问题。"所以，"施乐研究院的人私底下把管理层叫作'墨粉脑袋'，而这些管理人员完全不明白为什么被嘲笑。这些'墨粉脑袋'压根不知道计算机能做什么，他们不过是碰巧赶上了计算机产业的顺风车。施乐本来有机会把规模扩大 10 倍，独占整个行业，就像 20 世纪 90 年代的 IBM 或微软。"

危险信号 3：不再真正讨论从 0 到 1 的事情

一家企业越来越成功，会不断增强对既有技术路线、主导性设计以及经验法则的信心，与此同时，也会累积对替代性方案、利润率较低客群、零消费人群的傲慢与偏见，从而系统地、自发地屏蔽掉与主导性设计不兼容的信息，整个公司不再真正讨论、也不再实施从 0 到 1 的项目。

当然，领先企业仍然在搞新发明，而且成绩斐然。但是，是否配给资源，却要看它能不能为主打产品加分。如果不能，进一步问，它会不会损害主打产品的利益？如果不会，能不能在现有的价值网络来制造、推广、交付？因为这个体系是如此卓有成效，如此高效，没有任何理由不用它！为什么非要重头来过，另起炉灶新建一个体系呢？

克莱顿·克里斯坦森将这种思考方式称为"边际思维"。秉持边际思维的决策者，总是在做一件事的边际成本和另起炉灶所需的"完全成本"之间做权衡。大多数时候，完全成本要远远多于边际成本，回报周期也要长一些。品牌延伸就是这种逻辑。支持者会说，打造一个品牌有多不容易，有多费钱，因此，品牌延伸是非常合理的。可是，这个法则对领先企业来说却是错的，因为领先的品牌已经代言了顾客心智中的某个品类，不能再代表另一个品类了。试想，可口可乐公司推出一款"可口润滑油"，是不是很滑稽？不仅很滑稽，还很危险。可口可乐的消费者会搞不清，我喝的可口和润滑油到底有什么关系？

当一家领先企业习惯于边际思维时，从0到1不再可能，结果付出比完全成本要多得多的代价。正是这种思维，不仅让具有各种优势的业界翘楚拒绝了范式变革的机会，还站在了范式革命的对立面，也站在了未来的反面。

第四章

市场创新：顾客侧的新组合

产品的主导性设计进入成熟期后，越来越同质化，竞争日益白热化，企业频用价格战、人海战术，"斗嘴"更是家常便饭，甚至不时有"武斗"的花边新闻。此时，渐进式创新仍在推进，只不过，研发投入创造的边际价值在递减。企业市场份额、利润的增加，不少是来自其他企业的败退：因为在改进优化上不敌实力雄厚的领先企业，所以未能收获老顾客的重复购买，或赢得新一代消费者的青睐。

这个阶段的行业增长，主要是两个来源：一是与顾客直接接触的价值点，例如价格、渠道、外观、消费概念、用户界面、交付方式等的更新，即市场创新或营销创新；二是开启新一轮市场边界拓展运动，在试验期助发明型创新者赢得主导性设计之争的开辟式创新，以及"蓝海战略""破坏性创新"，是三种常见的路径。它们大同小异，都以产业边界及以远的人群为目标，并不要求组件科技的新突破，主要是重构了产品的功能结构、物理联结方式，即"结构性创新"。

先看市场创新。

第四章
市场创新：顾客侧的新组合

市场创新的四条路径

"由于企业的宗旨是创造顾客，所以，工商企业具有两项职能，而且只有这两项基本职能：市场营销和创新。市场营销和创新能够产生经济成果，其余的一切都是'成本'。"不仅如此，彼得·德鲁克更进一步强调，营销是企业最基础的职能，"从其最终成果来看，即从顾客的观点来看，市场营销就是整个企业。"

因此，企业须臾离不开营销。一些特殊的行业，营销差不多是企业的全部，例如，可乐的配方不可能三天一小变，五天一大变。大多数行业，在供需范式的试验期、确立期，营销只是产品研发部门、事业部的服务者、合作者；到了成熟期，产品创新的空间渐次收窄，营销当仁不让要挑起增长的大梁。

实现增长的实质，一是维系好忠诚客户，促成复购、增购与转介绍；二是吸引新的增量购买。增量有两种来源：一种是侵蚀对手的顾客；另一种是吸引新顾客，包括跨区域"拉新"和跨客户类型拉新两种。

营销该如何应对这三项任务呢？

回答这个问题，首先要明确营销到底做什么。"现代营销学之父"菲利普·科特勒（Philip Kotler）认为，营销就是企业面向目标市场创造沟通（create communicate）、交付价值（deliver value），并获取利润（to a target market at a profit）的一系列活动。由是观之，营销主要是四件事：第一，确定目标市场，定位好价值沟通、交付的对象，以及利润的源头；第二，与目标顾客沟通产品的价值，说服其购买，基本要素包括品牌（沟通内容，即提炼顾客价值）、传播媒介（沟通渠道）、构思（沟通技巧和策略）、客户关系管理（沟通过程、持续沟通）等；第三，探索、设计价值交付模式，包括经销渠道、客户服务、定价等；第四，确保前三项活动是有利可图的，通常是定价、成本和规模三者间的平衡。这四件事并非彼此孤立，而是牵一发动全身。

因此，市场营销创新，就是在这四个方面推陈出新：

重新定位：对"谁是我的顾客"这个根本性问题，给出不一样的答案。

创新沟通：（1）发现产品的新用途；（2）赋予产品新买点，或提炼新的品牌内涵；（3）采用新的媒介和内容表达形式；（4）优化客户关系管理。

重塑交付：全面审视交付全流程、各个节点的备选项，重构价值交付。

模式再造：设计新的商业模式。

重新定义"谁是我的顾客"

一般而言，直接购买企业产品或服务的个体或实体，就是顾客。重新定义顾客通常有两种情形：一是锚定新的直接购买者，如将用户定位为顾客；二是从整个产业链考虑，将最终购买者视为自己的顾客。

华为公司靠通信产品起家，主要客户为通信网络运营商。后者为促进话费销售，常"充话费，送手机"。但是，运营商自己并不生产手机，而是向终端公司定制采购。华为就是众多供应商之一。早在2003年，华为就成立了终端公司。几年间，该公司为运营商定制开发、交付了100多款手机。由于这些手机只是运营商的促销品，在能正常使用的前提下，要尽可能低价，因此，最终使用者的体验，很少列入考虑范围。结果是，在很长一段时间内，

第四章
市场创新：顾客侧的新组合

华为手机并不特别受消费者青睐，发展也不见起色。直到 2011 年，面对移动互联网的风口，华为明确"终端竞争力的起点和终点，都是源自最终消费者"，将消费者视为自己的顾客后，其手机业务才逐渐崛起。

第二种情形有一个知名案例，英特尔公司的"intel inside"广告运动。经历 20 世纪 80 年代中后期的战略转型后，英特尔成功地从存储器厂商，转身为微型计算机芯片公司。芯片很少能单独、直接出售给消费者，所以，英特尔的客户是各大计算机厂商，公众此前对其知之甚少。但是，英特尔开始面临一个麻烦：它遵循摩尔定律快速升级芯片，但计算机厂商却不太积极采用最先进的芯片。例如，英特尔即将发布 486 芯片，而它的客户却认为 286 已经够用了。

一番纠结之后，英特尔决定从产业的幕后走到前台，发起了"intel inside"广告运动，以说服终端消费者尽早购买新一代芯片。为避免直接买单者排斥，英特尔和计算机厂商一起打广告。戴尔公司率先签约，1991 年底，有数百家厂商决定合作。1992 年是 intel inside 品牌计划全面实施的第一个完整年，英特尔的全球销售额增长了 63%，品牌认知度也大幅上升，例如，在欧洲就由 24% 增长到 1995 年的 94%。自 1991 年以来，这个品牌战略实施了数年，花费了英特尔数百亿美元，也为其赢得了数十亿张"intel inside"贴纸，使英特尔在微处理器市场的占有率保持在 80% 以上。

这个广告对研发层面的改变很少，也没有改变英特尔作为大宗商品制造商的角色，绝大多数消费者依然不会直接购买芯片。但是，把最终消费者视为顾客，改变了利益关系，计算机厂商从过去的顾客变成了经销渠道：既然消费者才是英特尔的顾客，那当然要满足顾客的需要，与消费者积极沟通；只要消费者认识、认可了最新的芯片，计算机厂商自然就会踊跃采购。

与顾客的新沟通

沟通是双向的。自说自话和一味地投其所好,都是低效沟通、无效沟通。与目标顾客沟通,有五个要素:(1)需求是前提;(2)产品的顾客价值是内容,是基石;(3)媒介是传播手段,内容的输出渠道;(4)构思是沟通的技巧和策略,既要引起注意,还要直击顾客需求点,激发兴趣、勾起购买欲,打消顾虑,变犹豫不决为果断行动;(5)与顾客建立紧密的联系,以进一步沟通,促成复购、增购、转介绍。创新沟通就是在这五个要素上实现新突破。

1. 为产品找到新用途。为一种成熟的产品找到新的用途,可以创造新的需求。冰箱提供恒定的低温,使食物不会因温度高而腐烂,所以,它才叫"冰"箱。但是,销售人员成功地向因纽特人售出了电冰箱,因为因纽特人可用它来保护食物免遭过低温度冻坏。德鲁克评论道,"向因纽特人销售电冰箱以便冷藏食物,是找到了一个新的市场;而销售电冰箱以便使食物冷冻过度,事实上是发明了一种新产品。当然,从技术上讲,仍然是同样的老产品;但从经济上讲,的确是一种创新。"

注意到并正视一些不循常规顾客的"奇怪想法",或许是为成熟产品找到新用途的一种方法。1996 年,一位四川顾客向海尔公司投诉,自己购买的洗衣机排水管老是堵塞。服务人员上门维修发现,排水管被堵,并非产品质量有问题,而是顾客用洗衣机洗红薯导致的。红薯在泥土中生长成熟,形状不规则,还大小不一,因此,清洗红薯表面的泥土颇为费力费时。这位顾客用洗衣机洗红薯可谓不拘一格。维修人员帮他加粗了排水管,顾客在感谢他们的同时还打趣道:"如果有能洗红薯的洗衣机就好了。"说者无心,听者有意,海尔公司决定研制一款多功能洗衣机,不仅能洗衣服,还能洗红薯、水果。项目于 1997 年立项,1998 年 4 月投产,首次生产了一万台,颇受欢迎。

第四章
市场创新：顾客侧的新组合

此后，海尔又针对不同地区的独特需求推出了打酥油洗衣机（青藏地区），3个小时打制的酥油，相当于一名藏族妇女三天的工作量；洗龙虾洗衣机（安徽合肥地区）；洗荞麦皮的洗衣机（北方地区）等。

2. 增加产品的"感性价值"。既然产品的内核和结构做不了多大改变，也即"理性价值"的作为有限，不妨在外观、概念上做些文章，增加产品的"感性价值"。这一做法，对吸引新一代消费者颇富成效。一些调研表明，"Z世代"（出生于1995～2009年）规模约2.6亿人，成长在富庶的环境中，对产品功能、性能具有一定的宽容度，只要品质达到头部企业同类产品80%～90%就可接受，前提是创新者在产品的"颜值"、个性化程度、彰显自我等表层可见、强社交属性上做出了特色和风格。近年来，这一策略催生出许多新消费品牌，涌现出许多网红商品，比如"故宫口红"、三星堆同款青铜大立人、考古盲盒等。再比如，在经济连锁酒店陷入同质化泥潭之时，亚朵创始人看到了日渐崛起的"新中产"，以"人文酒店"切入，引入24小时流动图书馆（"竹居"），在大厅墙壁、走廊张挂反映当地风土人情的照片（"属地摄影"），将商旅出行的休息空间变成"可汲取养分和享受人文的新式旅途"。

3. 重定焦点价值。产品的价值点通常不止一个，只是有主有从。成为成熟市场的行业引领者，说明产品的价值结构与主流需求是高度契合的。但如果要扩散到更广阔的区域，面向更多的异质客群，而产品本身又不能做太多的调整，那么，重定焦点价值，用作扩散的支点，有可能撬动强势增长。例如，凉茶曾是历史悠久的地方性饮品，最早在广东等地备受欢迎。20世纪90年代末期，港资公司鸿道集团在大陆设立的加多宝，租赁了广药集团旗下"王老吉"红罐凉茶的商标使用权。一开始，加多宝的经营在地域扩张上突破有限，年销售收入不温不火，一直在2亿元上下徘徊。2002年，加多宝在广州成美营销顾问有限公司的帮助下，谋划红罐凉茶的跨区域扩散。经过市场调查，加多宝发现，现有消费者购饮凉茶，有去火、预防上火、红色外观象征吉祥如意、解渴等买点。在权衡受众的广度（凉茶属药茶，且南北方对凉茶的认知有别）、情境适应性（例如，是否聚焦火锅消费）、竞争差异性（另一家凉茶企业占了"下火"的概念）等因素后，加多宝决定聚焦"预防上火"，确定了"怕上火，喝加多宝"的口号，淡化凉茶概念，以商务宴会为切入点，投入重金购买媒体黄金时间、黄金版面大力宣传，同时在渠道上确保产品和POP广告（购买点广告）覆盖超市、餐饮、杂货店等终端。这一策略立竿见影。2003年，加多宝红罐凉茶年销售额达6亿元，远超2002年的1.8亿元；2004年增至14亿元。

4. 利用新媒介。互联网重塑了媒介，也泛化了媒介。任何能够吸引、聚合注意力、赢得信任的工具产品、内容界面、个体或企业，都能变成展示广告的媒体、撮合交易的中介，"带货"成为众多互联网业者变现的法宝。例如，短视频、直播无疑是今天最新、最火的新媒介。再比如，善于运作社群的顾客也可从转介绍者转变为个体分销商。

5. 深挖客户关系数据。互联网还创造出DTC（direct to consumer，直面消费者）模式：企业有意识地与顾客建立直接联系，形成规模化的会员体系，集合为私域流量，再利用大数据和人工智能技术等深入挖掘顾客信息，管理好客户关系，无须其他媒介的撮合，就可实现复购、增购与转介绍。

重设价值交付模式

价值从企业传递到顾客手中并正常使用，涉及产品的形式、传递的方式

第四章
市场创新：顾客侧的新组合

方法等。例如，是顾客自取，还是送货上门，或者快递代劳？是顾客自己动手安装、调试（DIY），还是成品？是大包装，还是小包装？是购买，还是租赁？是一次性交付，还是分期？是交钥匙式的解决方案，还是需要顾客自己购置其他配套产品或设施？交付环节的价值节点可以有不同的选择或组合。

炒货过去多以店厂一体、实时现制、散装称重的方式销售，来伊份公司用塑封小包装，让炒货和零食变成观感上更干净，也更标准化的产品；墨西哥建筑材料公司西麦斯（Cemex）用带有品牌标志的袋装水泥，让"顾客订购水泥像订购比萨一样便捷"；粮油行业一度习惯了量贩装，如今小包装也越来越受欢迎……

这些改变，不会从根本上改变产品本身的价值和效用，但市场含义却大不相同。散装式炒货，是杂货店式零售模式，而标准化产品则是连锁＋自助超市购买型；大袋水泥的客户多是建筑公司，小袋水泥则适合家庭客户，毕竟，对墙壁进行小修小补不必买一大袋水泥；量贩装粮油，受年长者、经常下厨者喜欢，因为实惠，但对于很少做饭的年轻人来说，却不经济。

有时候，交付模式的调整、优化不必到重构的程度，就能取得意想不到的效果。蛋糕烘焙与售卖显然不是一个新业务，从业者众多。这个行业的毛利率高达65%，而且竞争非常不充分，因此，广东惠州的熊猫不走公司决定分一杯羹。经过一段时间的摸索后，它发现蛋糕产品本身很难差异化。于是，它重新思考蛋糕在使用情境中的角色和功用，发现蛋糕并非纯粹以美味或充饥为卖点的食物，而是人们生日派对中的氛围型道具。因此，熊猫不走把突破点聚焦在激活派对的氛围上，设计出一个"小动作"——在交付的最后一米，由配送员穿着熊猫服，表演一个2分钟的小节目，"替买蛋糕的人去哄'寿星'开心"。正是交付环节这个小小的差别，让熊猫不走蛋糕在一个拼美味、拼产品的市场中实现了快速增长。

再造商业模式

商业模式是以规模为中心，以价值、定价、成本为积木的搭建游戏。近些年，伴随着互联网等数字技术的不断进步和纵深应用，诞生了不少新的商业模式，或将特定领域的商业模式扩展到了更多情境。

1. **平台经济**。充分利用网络外部性——使用某种服务的顾客越多，顾客获得的价值越大——这一特点，形成"需求规模经济"，使企业既实现了边际收益递增，又衍生出许多新的机会，形成全场景供给。

2. **共享经济**。利用移动互联网的强大撮合功能，赋能闲置资产所有人高效出租使用权，如网约车、分时出租的共享单车、共享办公空间、民宿等。

3. **人人分销**。企业与社交媒体上各个量级的达人合作，分销产品，而达人以佣金等方式获得收入。互联网的聚合功能，几乎让每件事都有足够多的关注者。汇聚人气所形成的影响力，在成熟、完备的销售、交付体系支撑下，可通过分销变现，例如，销售环节的导购、促销，演变成"种草""直播"，微信群还有无数的社区团购"团长"。

4. **免费模式**。这种模式本质上是"剃刀－刀片"式定价，早期在媒体行业多见，例如，电视节目免费观看，但插播不少的广告。后来，门户网站、搜索引擎、视频网站、社交工具、实用性的工具软件（如杀毒软件、输入法等）亦步亦趋，搅得行业大浪滔天。免费模式适用于边际成本极低的行业。后来，一些硬件厂商以所谓零毛利销售产品，先攒规模，再通过后期的用户运营来销售高毛利的周边产品或服务。

5. **粉丝经济**。"1000个铁杆粉丝"理论的流行，使IP经济、粉丝经济大行其道。各个细分领域，各个节点，都涌现出了头部和长尾IP。这些IP将商业价值嵌入内容发布者（博主、Up主）的人设中，吸引粉丝订户付费购买他们开发的课程、作品、服务等。

第五章

结构性创新：变非顾客为顾客

市场创新不是在产品成熟期实现增长的唯一答案。

结构性创新，是同样重要甚至更有力的办法。这种创新策略，无须组件科技的重大突破，甚至常常利用现成的组件，或仅仅是规格上存在差异，就像搭积木游戏一样重构产品的结构，就能拓展市场边界，跨区域、跨客群扩散。有意思的是，拥有诸多优势的领先企业却很少这样做。这一现象，让创新研究者颇为不解，又为之着迷。

计算机产业的天使顾客是美国人口统计局、国防承包商、大型金融机构以及科研机构，都是不差钱的单位。IBM虽然没有开辟民用市场，但通过跳水式的低价产品拓展至普通企业、普通院校等客户，后来居上，成为大型机市场的主导者。尔后，以数字设备公司（DEC）为代表的小型机制造商将客户拓展至中小企业和普通学校。那么，计算机的客群还能进一步扩展吗？比如，个人或家用？

今天来看，这个问题不禁让人哑然失笑。但是，如果把时针拨到1975年之前，甚至1980年前后，主流的答案是"不能"。注意，"不能"不是说完全没有需求或顾客，而是可见的规模有限，不值得大费周章地折腾。

1971年11月，微处理器宣布诞生。业界清楚，微处理器很有前途，不乏谈论用它设计更小型计算机的可能性。但是，既有资金，也有技术的大型机公司，如IBM、CDC（控制数据公司）、霍尼韦尔等，势头正盛的小型机经营者，如DEC、惠普，都没有成为微型计算机市场的开辟者。更让事后诸葛亮们感到扼腕叹息的是，这些公司中，已有工程师完成了详尽的设计方案，甚至拿出了可工作的样机。然而，它们的决策层却认为，微型计算机的销售前景有限，因而否决了生产微型计算机的提议，还将样机束之高阁。

为什么成熟期的领先企业对未进入市场的顾客视而不见呢？为什么对可能的市场前景如此悲观呢？这要从分析"零消费人群"（non-consumers）或"非顾客"为什么拒绝购买开始。

成为非顾客的原因

市场的边界总是相对的、具体的，不断跨出市场的疆界，变非顾客群体为顾客（turn non-consumers into consumers）的开拓者们，首先要理解，人们为什么会拒绝某个品类？

其实，原因也不复杂，一般是三种：

不知道：对产品的顾客价值缺乏了解，或理解不了它的价值，"我买它来做什么呢？"例如，在购买移动电话之前，人们可能会想，我都打给谁呢？真有那么多话说吗？

不匹配：不是不知道，而是认为产品的功能结构、性能指标和需求的契合度不足，简言之，"它的优势，我用不着；它的不足，我受不了"。

买不起：知道产品是好东西，也心向往之，但产品的价格、使用成本远远超出了承受的范围，"砸锅卖铁也买不起、用不起啊！"

成为非顾客的理由，必居其一或是这"三不"的某种组合。"蓝海战略"提出者，W·钱·金（W. Chan Kim）和勒妮·莫博涅（Renée Mauborgne），将非顾客群体分为三个层次：

准非顾客：离市场最近，仅出于必须，最低限度地购买产品和服务，随时准备离开这个产业，但如果创新者能实现价值的飞跃，不仅会留下来，还会更频繁地购买。

拒绝型非顾客：知道产业提供的价值，也视为选择之一，但最终拒绝购买。

未探知型非顾客：从未考虑过此品类，离市场最远。

第五章
结构性创新：变非顾客为顾客

如表 5-1 所示是非顾客画像的一份"速写"。准非顾客，知道产品的价值，也很中意它，但购买力严重承压，或得不偿失，例如，一些中小型企业偶尔会租赁私人飞机，而不是购置一台备用；拒绝型非顾客，了解产品的价值，但总体评价不如某种替代品，例如，很多人拒绝在拼多多购物，既不是买不起，也不是不知道，而是纯粹不认同，戏称其为"拼夕夕"；未探知型非顾客，不知道、不了解，在探知后，可能是准非顾客，也可能是拒绝型非顾客，需要进一步调查。例如，迄今为止，太空旅行还未探索普通游客市场，至于这些目标顾客是担心回不来，还是不如亚马逊老板杰夫·贝佐斯、维珍航空老板理查德·布兰森他们的支付能力，还要进一步了解。

表 5-1 非顾客画像

类型	不知道	不匹配	买不起
准非顾客	×	×	√
拒绝型非顾客	×	√	?
未探知型非顾客	√	?	?

领先企业为何排斥非顾客

供需范式的不同阶段，企业都面临这三类非顾客。但是，在不同阶段，企业对非顾客的心态，存在微妙的差异。

在试验期，顾客少，非顾客多，开疆辟界，是生存发展之必需，动能因此非常充沛，条条框框式的自我设限也很少；到了成熟期，领先企业已坐拥相当规模的顾客，尽管有持续增长的压力，但还有两条纾压之策：一是凭借渐进式创新优势抢夺其他企业的份额；二是以市场创新拿下部分非顾客。因此，成熟期的头部企业对开拓非顾客的热情要低得多，希望非顾客来适应自己，而不是去迁就购买力不足的准非顾客，讨好对自己并不友好的拒绝型非顾客，或试图教育对自己闻所未闻者。此时，企业对排斥非顾客这一行为、态度常常是振振有词，"战略必须有取舍"，部分非顾客就是自己忍痛舍掉的群体。

不乏领先企业因为轻视非顾客，错过主导性设计的新一轮升级，或没能在一种产品即将谢幕之前跳上新的增长航船而遭遇失败，因此，一些专家着力于指出领先企业做错了什么。常见的论点有两个方向，第一，人性的弱点。对非顾客的忽视，源于傲慢、绩效主义式歪风邪气、短期主义、确定性偏好等；第二，制度的缺陷。企业创新管理体制被渐进式创新主导，议题设置、目标体系、激励机制、资源分配等均自我设限、画地为牢，不再有进一步拓荒的勇气与毅力。

不过，这两种分析都不免有些"失败者偏差"——败军之将，必然无勇无谋，忽视了取舍的正当性、合理性。

1. **不愿做低等品**。如果一种新的产品结构，性能差、科技含量不足、毛利低、市场前景不明朗，使现有产品的优势变成累赘甚至负资产，难道不是舍近求远、舍金求土？

2. **避免不正宗**。作为主导性设计的代言人，以正宗自居，避免淡化概念，何错之有？

3. **尊重产业常识**。长期的试验，大量的投资，沉淀出了许多行业常识。这些常识，不是凭空想象出来的，而是经过市场检验后的黄金法则，没有理由轻易抛弃、否定。

其实，"有无相生""反者，道之动"，合理与不合理，不过是一墙之隔。这三种合理性，既能帮助领先企业发挥渐进式创新的优势，也能成为实施结构性创新的障碍，同时成为外部创新者的反向路标，助其快速找到合意的路径。

第五章
结构性创新：变非顾客为顾客

路径一：以"不正宗"奔向蓝海

蓝海战略的创新者，通常是为了避免在红海中挣扎，逃离劳而无功的泥潭。这也是蓝海式机遇多集中在成熟期的原因。

实施蓝海战略，首先要突破观念的束缚。

深陷红海的企业，只能在差异化和低成本中择其一，而不能兼得。古典音乐市场曾经就是这样：市场在萎缩，成本在上升，剧场在亏损。出路似乎就两条：一是看谁能邀请到明星指挥家、独奏嘉宾；二是大幅削减开支，但这通常意味着艺术品质的降低。

荷兰小提琴家兼指挥家安德烈·瑞欧（Andre Rieu）开创了第三条路：面向大众市场。这些流行音乐的消费者，不喜欢管弦音乐会上的繁文缛节，也不太能理解高深复杂的古典乐。也许，在古典乐的行家、资深票友看来，他们的音乐素养不高，还不足以欣赏古典乐。

瑞欧是怎么做的？取消大牌独奏明星的演出环节，缩减乐队规模，降低曲目的复杂性，只演奏大众最熟悉的古典音乐曲目，且仅呈现最打动人心的乐段；在大型的露天场地，如体育场和城市广场而非昂贵的剧院演出；演奏时穿插电影音乐、音乐剧以及"猫王"、席琳·迪翁等歌星的流行歌曲；音乐家们还经常与观众一起跳舞、摇摆和鼓掌；增加了特殊光效、放飞和平鸽和气球、燃放烟花甚至花样滑冰等新元素。

经过这些改造，音乐消费者不必怀着敬畏之心，严肃、优雅地欣赏古典乐。到瑞欧的演出现场，他们不仅是听音乐，还可以看音乐，体验、触摸音乐——当然，都是简单的音乐。从某种意义上讲，瑞欧的古典乐，是一个轻松的娱乐活动，而非高端的文化产品。

面向大众，才能赢得规模。瑞欧和他的乐队位列"公告牌榜单最受欢迎的25大巡演"（Billboard Top 25 Tours）长达近二十年，与布鲁斯·斯普林斯汀（Bruce Springsteen）和贾斯汀·比伯（Justin Bieber）等著名流行歌手比肩，CD和DVD销量超过4000万张，而传统顶级古典音乐CD的销量仅一万张。

钱·金和莫博涅用这个案例解释道，开创蓝海，首先要去除头脑中的四个"教条"：第一，不要将产业边界视为给定和外在的，而是要把它当成可重塑，为创新服务的；第二，不是去打败竞争对手，而是要让竞争变得无关紧要；第三，不是热衷于争夺现有顾客，而是创造和获取新的需求；第四，差异化和低成本绝非不可兼得。

其实，深挖这些条条框框，会发现背后有一个更为根本的命题，敢不敢、能不能做一个在主流、经典看来不正宗的产品？瑞欧的交响乐，在传统顾客看来，很可能变成杂耍一样的东西，是荒腔走板的冒牌货。可是，古典乐难道就是为少数高山流水般知音而生的？

其次，如果在观念上说服了自己，即解释了"不正宗"的正当性，那么，创新者可从六个方向找寻蓝海：

方向一：跨越他择产业。他择（alternatives）产业与替代品（substitutes）不同，是指"产品的功能、形式都不同，但目的相同"的产业，后者是指"形式不同但功能或核心效用相同的产品或服务"，而竞品则是形式相似、功能也相同的产品。例如，不同金融公司的理财顾问互为竞品，理财顾客和智能投顾机器人则相互替代，而助客户找到一份好工作、好的创业机会的相关服务则是理财顾问的他择品。竞争实际上在这三种产品中展开：竞品间的竞争最激烈，替代品次之，对他择品的威胁感知不足、反应迟滞甚至无动于衷。这为创新者提供了空间和时间。欲由此开创蓝海，就要去调查顾客在他择品间如何权衡、取舍。例如，一日三餐，既可在家中下厨，也可外出就餐，或购买方便食品。方便食品的产品形式与餐饮差别很大，很难与营养、健康、餐桌社交等挂钩，

第五章
结构性创新：变非顾客为顾客

即两者互为他择品。人们如何取舍？选择方便食品，是因为它方便；下厨或外出就餐，是因为营养、健康。为什么不把这两者结合起来呢？外卖骑手与餐饮企业的合作，既保证了方便，又兼顾了营养、健康，因而重新定义了方便食品。

方向二：跨越产业内的战略集团。所谓战略集团，是指产业内采取相似战略的企业。如果能集不同战略之所长，便可制造出一个新的空间，开创新的增长源和新的利润源。例如，索尼的 Walkman，取高保真手提式录音机和低价、便携半导体收音机所长，开创了个人便携式立体声响设备市场，不仅从这两个市场中"挖了墙脚"，还将慢跑者、乘车者等先前的非顾客吸引到市场中来。

方向三：跨越买方链。如果购买者（顾客）和使用者（用户）不是同一个人，将有明确需求的使用者定义为顾客，就会发现新机会。例如，佳能把焦点从企业采购员转向使用者，开创了小型桌面复印机产业。这与市场创新中的重新定义顾客有异曲同工之妙，差别是此处须有产品层面的创新。

方向四：跨越互补性产品和服务。许多产品都需要配套设施，互补服务，因此，可以考虑将其整合起来，或使其中一些配套或互补因素不再必要。例如，戴森重新设计了吸尘器，剔除了购买和更换吸尘袋的成本和麻烦；飞利浦仅仅是在电热水壶中增加了一个滤网，避免水碱进入茶水中，使人们沏茶时不必清理茶水中的水垢，就在一个表现平平的市场实现了增长。

方向五：跨越理性价值与感性价值。功能、性能、价格、硬件的竞争，是理性价值的比拼；而地位感、科技感、可爱、温馨、标榜自我等，是感性价值的争夺。例如，一些互联网家电企业，避免与老牌家电企业进行功能、性能、价格的竞争，而是主打工业设计。

方向六：跨越时间。锚定一个决定性的、不可逆的、发展轨迹清晰的潮流，从适应未来市场的视角反向思考，明天的市场需要的价值是什么，然后在今天提供它，就能开创蓝海。例如，有的实体企业很早就判断出，数字化转型乃是大势所趋，因此，较早在业务、流程、管理、文化等维度实施数字化战略。当其他后来者发现转型不可避免时，这些企业不仅提供数字化的技术、产品、工具，还输出数字化的组织管理。

最后，方法。

第一，画一个行业诊断框架——"战略布局图"，去捕捉已知市场的竞争现状，即"竞争对手正把资金投入何处，在产品、服务、配送几方面，产业竞争正集中在哪些元素上，以及顾客从市场现有的、相互竞争的商品选择中得到了什么"。例如，葡萄酒行业的竞争要素主要是价格、酿造工艺与奖项、高投入的市场营销、陈酿质量、名声和历史渊源（庄园和城堡的称谓以及酒厂的年代）、品味的复杂性、酒的种类等。

第二，就这些要素对行业的重要企业打分。高分意味着顾客看重的价值高，企业的投入也高。

第三，把得分点连接起来，构成某家企业的"价值曲线"。显然，在战略布局图上，这样的价值曲线画得越多，创新者对行业的格局和现状就了解得越详细。

在此基础上，四个动作可开创蓝海：

剔除：将一些产业视为理所当然的元素删掉。因为企业常常掉入非理性攀比中，而买方很可能已经不重视甚至厌倦那些价值点了。

减少：将一些要素的量减少到产业标准以下，前提是现有产品或服务做过头了——为了打败对手，增加了成本，却费力不讨好，因为顾客并不需要那么强的性能。

增加：将另一些要素的数量增加到产业标准以上，促使创新者去发掘和消除消费者不得不作出的妥协。

创造：添加产业从未有过的新元素，去发现买方价值的全新源泉，创造新的需求，改变产业的战略定价标准。

剔除和减少，是降成本，是消除性能过剩；而增加和创造，则是实现差异化，因此，实施蓝海战略的过程，就是同时实现低成本和差异化的旅程。这趟旅行的起点和一以贯之的原则是，无视"正宗"，大胆摒弃由正宗带来的种种限制，轻装上阵。

路径二：以"反常识"开辟"新大陆"

与试验期相比，成熟期的开辟式创新要困难得多，因为要颠覆真金白银淬炼出的产业常识，对产品本身或交付做出不可思议的改变。

理查德·莱弗雷（Richard Leftley）20 世纪 90 年代至 21 世纪初，一直在伦敦保险行业工作。他发现，像孟加拉国、巴基斯坦、印度等国，自然灾害带来极其惨重的人员伤亡，却未列入保险赔付额榜单；"非洲人口占世界的 16%，在全球保险市场的份额却还不到 2%"。也就是说，最需要保险的人却不买保险，供需之间存在严重的不平衡。莱弗雷认为这种现象不合理。

在赞比亚做义工期间，莱弗雷目睹了一个因病致贫家庭的艰难困苦。受此激发，他于 2002 年创办微保险（Micro Ensure），目标是向穷人卖保险。同事们觉得他疯了。

微保险为保险公司设计面向贫困群体的产品，并助其运营。一开始，它只是提供比发达经济体市场中价格低的同类产品，所以，产品说明书还印有"不含跳伞和水球"等目标顾客视若天书的字样。虽然大力宣传，结果却惨不忍睹，仅获得了一万名客户。

后来，莱弗雷与当地电信运营商合作，以"充话费，送保险"搭售产品，保费由电信运营商支付。待顾客理解保险的功能后，微保险再推销附加保险产品，譬如，针对配偶的"双重保险"以及家庭保障，保费亦通过手机支付，每月3美分～1美元，保费收入由微保险、保险公司及电信运营商共享。

但是，效果仍不明显。为了搜集顾客的基本信息，微保险要求客户填写三个简单的问题——姓名、年龄和直系亲属，但是，"这三个问题让80%的人放弃了注册。"经过调查后发现，当地人常常不知道或不注意自己的年龄，而且，由于家庭结构复杂，很难确定直系亲属。

微保险只能再一次修改业务模式：只需知道手机号码，就提供保险服务，赔付也直接打款到顾客的手机号码账户，没有文件、不用回答问题，无须任何证明，"买保险变得像注册手机铃声一样简单"。

这些改动，对于标准的风控体系来说，是不可思议，也不可接受的。但是，这个策略奏效了，微保险借此打开了市场。例如，微保险在印度推人寿保险时，第一天就获得了100万注册用户。截至2017年，微保险已为欠发达地区的5600万人办理了保险，赔付了3000万美元，85%的顾客此前从未购买过保险。运营的产品包括微健康、政治暴力、作物保险和移动保险，在进入的市场中有80%实现了盈利。

克莱顿·克里斯坦森将微保险视为开辟式创新的典型案例。他的研究表明，实施开辟式创新，有五个关键要素，第一，以未消费市场为目标的商业模式；第二，采用使能技术，即"能够以越来越低的成本带来越来越高的绩效的技术"；第三，打造新的价值网络，重新定义成本结构；第四，涌现战略，要向潜在的顾客多多请教，不要执拗于最初的战略规划；第五，企业高层的支持。

第五章
结构性创新：变非顾客为顾客

开辟式创新并不是发明一种新事物，也不是让某件产品变得更好，而是推动一种业已成型的产品向不了解、不匹配、买不起的客群扩散。在成熟期的开辟式创新，仅仅提供成熟产品的低配版本，即删减功能、降低性能、去除一切不必要的要素，并不足够，还要省察产品的根本逻辑与"生存土壤"是不是存在不匹配、严重的契合不足，就像试验期的产品过度依赖最初的情境和种子客户一样，是不是一些关键要素也被嵌入市场的基座之中了。只有深入这个层面去追问产品的本质，祛除未曾质疑过的常识，沉浸到目标市场中，去重构产品的结构和逻辑，才能真正开辟"三不"市场。因此，实施开辟式创新，如果创新者还未遭到行业专家、资深人士的严厉批判和唱空，说明他们还没有找到打开市场大门的暗号。

使能技术不等于高精尖，很可能是主流市场弃用的低、劣、旧技术。例如，20世纪90年代初的好莱坞，只有口碑不佳的影片才通过录像带发行，目的是减少前期投资的损失。而同时代的尼日利亚，没有什么院线，以录像带发行便是个好主意。1992年，一部制作成本仅1.2万美元，讲述一个贫困潦倒的商人通过邪术转运的俗套故事，一群并不十分专业的人员（编剧是一位电器销售员）打造的《生存枷锁》，在非洲卖出了几十万份录像带。再比如，微信的语音输入，并不是什么先进技术，在多年前就已在PC端QQ上线过。但是，由于使用不便，用户太少，最终下线。这样一项老技术，让不识字或不愿打字的用户也开始使用微信。一段时间以后，这些用户经他人指导，也成为微信支付、朋友圈、短视频的使用者。

最后，在一个欠发达地区打造新的价值网络，很可能遭遇腐败、制度缺失以及基础设施不足等挑战。创新者，不能"等、靠、要"，而是要"自行调配必要资源，采取规避措施或出资建立产品交付所需的基础设施及制度，哪怕当地政府一开始并不支持"，不能让不足成为创新的障碍，反而应该视其为创新的机会以及责任，不仅能取得创新的成功，还能带动当地社会的进步。例如，"苏格兰有一个始建于1907年的火车站，是由胜家（Singer）缝纫机公司为运送产品而修建的，至今依然在运营。美国第一条大型铁路，从巴尔的摩到俄亥俄州，是一个投资者和创业者团体为了更好地进入市场而修建的。"再比如，自《生存枷锁》发行以来，尼日利亚的影视产业迅速发展，现在每年发行电影1500多部，容纳就业超过100万人，拥有50多家电影学院。

路径三："低等品"丑小鸭变黑天鹅

以市场边缘为根据地，不断侵蚀主流市场，并最终使在位的领先企业败走，是一种有广泛共鸣的进攻路线与竞争战略。这种策略，是一种结构性创新，是丑小鸭变黑天鹅的故事，被系统化、理论化为破坏性创新。

在克里斯坦森之前，麻省理工学院的瑞贝卡·亨德森和哈佛大学的金·克拉克就已系统、深入探讨过这一现象。1990年，《管理科学季刊》（*Administrative Science Quarterly*）刊发了两人的成果，《结构性创新：现有产品技术的重组与现有公司的失败》。文章对结构性创新的定义是，"只改变产品的组件联结方式，而不触及核心的设计概念以及组件背后的基本知识的创新"，也就是说，结构性创新，鲜有新的组件科技，只有组件的新联结和新的功能结构。索尼公司前身——东京通信工业株式会社，开发推出的晶体管收音机便是一个典型案例。

1947年底，美国西部电气公司（Western Electric Company）的贝尔实验室研制出晶体管。《贝尔实验室报告》随后刊发了这一成果。美国无线电公

第五章
结构性创新：变非顾客为顾客

司（RCA）等真空管厂家"纷纷从贝尔实验室购得晶体管，放在自己的实验室里进行技术开发。它们野心勃勃地投入了上亿美元，想要开发出能满足市场需求的固态电子技术"。

1953年，晶体管技术取得了重大进步。东芝、三菱、日立等日本大公司以支付专利权使用费的方式，陆续从RCA引入晶体管技术。索尼创始人井深大也一改六年前的不以为然，意识到它会是一场大革命，因为"晶体管与真空管的作用相同，但体积却如此之小，而且寿命也是半永久的"，并决定从西部电气购入专利权，自己开发技术。当时，晶体管仅用于控制声频频段，所以，西部电气公司告诉索尼负责人，"晶体管非常奇妙，但目前还只能应用在音频的用途上，请你回到日本后一定用它来制造助听器。"

不过，助听器的市场太小了。索尼想要生产晶体管收音机。

第二次世界大战前，"收音机是像小佛坛一样的摆放型，和以前的家用电视的使用方式一样，全家都团坐在摆放了收音机的房间里，收听新闻和歌曲节目。"20世纪50年代，全球主流市场正掀起一场概念变革，力推高音质的"Hi-Fi"（高保真）收音机。而音质与真空管的数量成正比，音质越好，收音机的体积越大、发热越多、寿命越短。

当时，真空管收音机已在日本市场大量上市，"收音机的普及率已达到74%。"但是，井深大却指出，"所谓74%，是以家庭为单位计算的，如果以人为单位来计算的话，不是还有很大的市场吗？"

RCA开发制造了名为"花生米"的中型真空管手提式收音机，它的一半体积被昂贵的电池占据，但电池仅能支撑4个小时。所以,经美军带进日本的"花生米"，虽然也是日本厂商学习的对象，但普及率非常低，"可以说接近于零，留给晶体管收音机的市场空间太大了。"

研发晶体管收音机的人和企业，当然不止井深大和索尼。1954年10月，

> **创新者策略**
> 破坏与反破坏之道

由德州仪器（Texas Instruments）和丽晶电子（Regency Electronics）组建的合资公司使用德州仪器的晶体管，发布了世界第一台晶体管收音机——Regency TR-1。但是，Regency 没有努力推销，过了一段时间后便匆匆放弃。索尼另一位创始人盛田昭夫后来写道，"可惜的是，明明可以利用'业界领头羊'的优势占领市场、扩大销量，却由于误判形势而葬送了自家产品的前途。……归根结底，德州仪器没有预见到便携式收音机的市场潜力，而我们预见到了。"

索尼打造的第一台晶体管收音机 TR-55 售价 18900 日元，相当于大学毕业生月薪 7000～8000 日元的 2 倍多。而且，除了体积小，"其他性能与真空管收音机相比，并不那么出色。制造真空管收音机的公司看到这种情况，便长出了一口气，对晶体管收音机毫不在意。"

盛田昭夫到美国市场推销索尼晶体管收音机，美国经销商问道："你们公司为什么制造这么小的收音机啊？我们美国人喜欢大块头的收音机，我们房子大，房间多，犯不着买这样的小玩意儿。"不难想见，Regency TR-1 也曾面对这个疑问，它的决策者是如何回复和思考的，今天已不可考，总之是放弃了。盛田昭夫答道："仅仅一个纽约市，就有 20 多家广播电台。你们美国人住的房子的确很大，每个家庭成员都有自己的房间。正因为如此，才需要我们的产品。有了它，每个人都能在自己房间里尽情享受自己中意的广播节目，而不用担心打扰到别人。"

更重要的是，索尼很快改进了产品，打造了"爆品"——袖珍收音机 TR-63，并创造了"袖珍型（pocketable）"一词，价格也降至 13800 日元。这款产品非常火爆，"一号机"竟然生产了 50 台。为了赶上 1957 年的圣诞节，索尼放弃船运，改用日本航空的货运专机向欧美运送 TR-63，美国的《大众科学》（Popular Science）将其选为封面。四个月前，盛田昭夫和美国最大的电器经销公司之一的艾格诺德（Agrod）签署了长期贸易合同。自此，"收音机就从

第五章
结构性创新：变非顾客为顾客

各家各户的共同财产这一地位中解放出来，成为个人消费品。收音机不再是家庭的摆设品。人们能在户外边走边听，也能在汽车中收听，成为便利生活的象征物。"

在美国，最早购买索尼袖珍收音机的，是"低端消费人群——青少年。这些人当中很少有买得起真空管收音机的。便携式的晶体管收音机给他们带来了前所未有的享受——远离父母，和朋友们一起听摇滚乐。这些青少年欢呼雀跃，毫不在乎产品在收音质量上的瑕疵，毕竟，有收音机总比没有好"。

后来，索尼在音质和调频能力上做了许多改进，缩小了与真空管收音机的差距，使便携从一种特点变成竞争优势，在美国市场取得了成功。RCA等真空管收音机厂商，没有输在技术能力上，也没有输在研发上，但在市场上就是无法与索尼相提并论。

不仅要开疆拓土，还要"问鼎中原"，是破坏性创新有别于开辟式创新、蓝海战略之处。一开始，它是一只丑小鸭，不受关注与待见，长大后也不是讨人喜欢的白天鹅，而是出人意料且影响力巨大的黑天鹅。

创新者的五点注意

这三路径存在不少差异，也有相似之处，还有以下几点需要创新者务必注意：

第一，不可轻视组件科技能力。 虽然结构性创新的组件科技基本是现成的，但不意味着是落伍的旧技术，可以低成本、轻易获取；无须组件科技的新突破，不能据此认为组件科技是无关紧要的，更不能得出结构性创新与技术无关的错谬。尤其是破坏性创新，创新者必须在主流市场重视的功能上实现性能追赶，没有较强的技术能力和基础是办不到的。试想，索尼如果不能改善晶体管收音机的音质和调频能力，恐怕很难赢得主流市场的接纳。因此，创新者应通过引进、消化、吸收、创新的方式来掌握组件科技。

第二，结构知识的突破性进步是创新的本质。新的功能结构，源自全新的市场知识；新的物理联结，则需要结构技术的突破。在位企业之所以看不清新市场的前景，是因为习惯了且跳不出旧的市场知识。跃出井底，发现新的市场知识，关键是两点：一是树立一种观念，好的产品应该有更多用途，应该服务更多人；二是到非顾客人群身边去、到他们的生活中去，才能发现他们成为非顾客的真正原因。人类学家的田野调查是获得市场新知的有效方法。例如，技术人类学家王圣捷（Tricia Wang）2009 年为诺基亚做了一项调查——"低收入人群如何使用高科技产品"。她为此当过街头的摊贩，卖水饺给建筑工人，或没日没夜地待在网吧中观察年轻人打游戏，与他们交流，发现这个人群使用手机的方式。遗憾的是，她提交的报告未受到决策者的重视，理由是样本太少。因此，她提出，比起大数据善于发现相关关系，小样本的"厚数据"更能发现行为与产品的因果关系。因此，如果成功企业的员工已经习惯了西装革履的优雅生活，那不妨聘请一些人类学家帮他们调查非顾客到底在想什么，以便更新市场知识。

第三，避免刺激、挑衅在位的大企业。不难发现，开辟式创新和蓝海战略没有太多的破坏性，也鲜有对抗性；破坏性创新侵蚀主流市场之前，其实也很温和。但是，有的创新者，为了追求最大的营销效果，或反击那些指责他们违背常识、四不像、品质低下的言论，总是有意识地抬高声量，挑衅成功企业，炒作自己。对结构性创新来说，这是不明智的。因为认知差越大，创新者的试错时间越多、空间越大，错了再来的机会越多。一旦成功的企业

第五章
结构性创新：变非顾客为顾客

提前理解了非顾客的逻辑和市场的潜能，看到了威胁性，创新者的压力只会有增无减。

第四，确保新结构不是旧结构的一部分。如果新结构可为旧结构包容，那么，结构性创新，不管是开创蓝海，还是开辟新大陆，都是在为领先企业作嫁衣，替它们"排雷"。例如，前几年如火如荼的互联网金融创业，特色是获客快、善运营，缺点是风控能力严重不足。但是，对传统金融机构来说，借助互联网获客、运营，是它们类似职能的升级和扩展，可纳入渐进式创新。而新结构实现独立自主的关键是，将劣势补齐，并把特色做成优势，如此才可反过来容纳旧结构，而不是被旧结构吸收。

第五，警惕低端化旋涡。在低端市场、边缘市场的成功，会为创新者贴上低端、不正宗、反常识等标签，因此，创新者要拒绝在位企业的品牌框架，不能定位为主流产品的差异化竞品，而是要以新产品自居，独立构建新的品牌主张和叙事逻辑。例如，晶体管收音机不是一种便携式"声音家电"，而是人人都可拥有的娱乐产品。跟着主流的游戏规则走，必然是品牌低端化。落入这个旋涡，会成为创新者蚕食主流市场的障碍。

八个不对称与逆袭的发生

常常诞生于旧体系的结构性创新，主流企业一开始看不上、不看好。但是，当创新者群体中的佼佼者在比赛中获胜，取得相当规模后，大公司会很尴尬：瑞欧的交响乐是不正宗，但架不住这么多人买单；微保险干得不错，在合作中居于主导地位；晶体管收音机一开始的确音质不佳、调频能力不足，改进后，差距缩小了,还具有便携的显著优势,所以,RCA们不得不成为追随者,最后,真空管收音机甚至被彻底取代了。

为什么在位企业会是这样的反应呢?至少有两种严谨的解释。第一种,主导性设计构建的体制屏蔽了结构性创新。议题设置、绩效目标、沟通渠道、信息筛选机制、问题解决策略工具箱甚至企业文化,都体现了主导性设计的意志,只接纳有利于增强自身统治力的信息、知识、提议,封杀一切不利于甚至威胁其地位的所有创意。等到市场证明先前的决策是错判时,为时已晚。

第二种就是破坏性创新理论的解释。破坏性产品的性能较简单、价格便宜,利润率较低,不能满足领先企业最大化利润、实现增长的要求。同时,在位企业大力投资,不断提升关键功能的性能,以至于超出了大多数顾客的要求。破坏性创新者站稳脚跟后,开始"补课",在主流性能(成熟产品主要功能的性能)上追赶,逐渐挤进主流市场,最终导致在位企业的失败。

我们则从竞争战略的视角,以"八个不对称"(如表5-2所示),探究逆袭为什么以及如何发生;既吸纳了这两种解释的洞见,又有新的发现。

表5-2 结构性创新的八个不对称

项目	传统市场的在位企业	锚定非顾客的创新者
客户诉求	主流性能更好	主流功能够用+新特性或新特性
认知	不值得投入资源	生存之本或趋势所在
动机	短期业绩驱动	生存压力或逆袭机会
竞争焦点	拼性能	新特性创新力+营销力
认同	正统,高精尖优	前沿,创造新市场,服务更多人
攻防	必须在新特性实现性能超越	无须在主流性能上超越
价值网络	排斥非顾客或延伸陷阱	另起炉灶
投入—产出曲线	差异化和低成本不能兼得	低成本的差异化

1. **客户诉求的不对称**。主流市场的顾客要"更好"的产品和服务,而边

第五章
结构性创新：变非顾客为顾客

缘市场的人群渴望一种新结构——新功能或新特性，主流性能够用就行。因此，主流厂商都致力于取悦最严苛、利润最丰厚的中高端客户，以锐意进取的渐进式创新，使产品和服务越来越好。处在市场底部和边缘的非顾客，对主流性能的要求较低，购买力也远远不及，认为产品的功能结构存在严重缺陷，因此，对主流产品及其提供者甚为不满。例如，最初购买微型计算机的顾客，活跃在小型机市场的边缘，通过分时方式使用计算机，但对分时模式深恶痛绝，"程序员、技术人员和工程师都曾品尝过被关在机房门外的滋味。他们痛恨这种感觉，好似看着祭司霸着弥撒方台却讲些普通人听不懂的话。"21世纪初，一些大学的机房仍在提供分时服务，学生必须购置、穿戴鞋套方可进入机房，使用电脑时不能大声说话，机房管理人员更是一脸严肃、居高临下，对使用者爱答不理。

2. **认知不对称**。在位企业看不上边缘市场，认为它规模小，利润薄，成不了气候，相对于增长的任务可谓杯水车薪，不值得投入资源；创新者实力有限，在主流市场争不到一席之地，只能在市场边缘勉力支撑。此外，作为主流市场的旁观者，创新者更易察觉主流市场的"内卷化"程度，更早看到边缘市场才是趋势和出路。

3. **动机不对称**。成熟企业必须定期向利益相关者报告财务状况，受短期业绩驱动，易为确定性偏好主导，无意投资风险大、不确定性多、回报周期长的新项目。市场边缘的经营者，如果打不开局面，就无法生存下去。此外，看到趋势的创新者，则希望抓住一战成名甚至后来居上的机会。无论是生存压力，还是逆袭的机会，创新者对新项目的动力要强劲得多。

4. **竞争焦点不对称**。主流市场拼谁的性能更胜一筹，而非顾客群体，一看价格是否足够低，二看有没有符合自身要求的特性。因此，创新者只需提供够用的主流性能，大幅降低价格，同时开发出与非顾客人群需求匹配的新特征，以新的营销概念说服非顾客即可。

5. **认同不对称**。在位企业以正统自居，是高、精、尖、优的代言人，自尊来自经验自信和市场地位，而创新者或相信自己站在时代前沿，信心来自希望；或创造了新市场，价值感源自服务了更多人，尤其是被主流市场忽略的人，有更多创造的欢乐。

6. **攻防不对称**。在位企业意识到新市场的价值，欲和创新者一争高下时会发现：一方面，自己在主流性能上的优势在竞争中变成了劣势，因为过度供给，所以必须做减法才能满足顾客的要求，但市场看到的却是负面、消极的能力下滑或不再进步；同时，做减法还意味着要缩减渐进式创新的资源、人力，关涉利益格局，谈何容易？另一方面，由于新特性仍然供给不足，后来者只有实现超越才能让拂袖而去的顾客回心转意。创新者虽然要缩小与主流性能的差距，但不必对标在位企业的标准，而是达到平均水平即可，难度小得多，而且，顾客看到的是正向、积极的技术能力进步；同时，在新特性上，创新者强化领先优势要容易得多。

7. **价值网络不对称**。主流厂商具备完备、高效的供销网络，合意的互补产品、配套设施。这是它的优势，也是劣势。因为自成体系的价值网络，总是寻求自身价值的最大化，从最初排斥结构性创新，到后来总是力图将其纳入体系之中，掉进延伸陷阱——力图使边际成本最小化，却使完全成本最大化。而创新者别无选择，必须从头打造新的、也更适合的价值网络，以更好地体现其成本优势，发挥新特性的功效。

8. **投入－产出曲线不对称**。在主流市场，只要认真倾听客户的意见，投资研发或购买先进的技术，解决客户新的不满和新的抱怨，就能获得相对确定的高回报，但不能兼得低成本和差异化；由非顾客构成的市场边缘，不存在这样确定的回报曲线，利润率也低得多，但离最佳实践的"生产率边界"

第五章
结构性创新：变非顾客为顾客

（productivity frontier）还很远，可以既差异化，又低成本。

因此，成熟市场中的领先企业，在结构性创新萌生的初期，通常不会将边缘市场的兴起视为威胁，会认为那不过是勉强求生存的利基市场，是一群技术能力不足、资源有限的小厂商的小打小闹罢了。当边缘厂商蚕食其低端市场时，它们的选择是更上层楼，"你有我优，让你永远也追不上"。等到创新者攫取更多主流顾客时，主流厂商虽然意识到了威胁，但已无力回天，不得不向更高端或更专业的市场挺进，将大众市场的霸主之位让给"后浪"。

对策：自组织驱动的二元组织

在位企业能避免尴尬或失败吗？如果能，有效的对策是什么？

先看破坏性创新理论的结论："应对破坏性创新威胁的通用策略仍然难以琢磨。我们目前的看法是，公司应该创设一个独立的分支，后者在高管的庇护下去探索和开发新的破坏性模型。有时候，这个做法有效，有时候又不尽如人意。在某些案例中，失败不是因为对新模型缺乏理解、高管不重视或财务支持有限。既是在位企业、防守者，又是创新者、挑战者，这两种身份的矛盾所带来的挑战，仍有待进一步探知。"

我们所献之曝，一言以蔽之，就是尽早、尽快消除或减弱前述八个不对称。

首先，要摒弃"市场边界到此为止"的陈旧论调。 每一家企业都应树立一个观念，市场扩散是没有止境的，越是看到了市场扩散的障碍，越是应当敏锐察觉有突破的必要。当然，这不等于四处开花，盲目出击，但早做准备却是必要的。企业文化应包容并蓄，而非同一僵化，既有高大上的"正宗"派，在中高端市场攻城略地，击败同类对手，也有愿意探寻塔基市场的"泥腿子"；既有西装革履的商务风，也有圆领衫＋牛仔裤的极客范。

其次，勿将结构性创新项目的命运系于高管的支持。高管的支持，当然是必要的，但是，新结构业务若将前途全系于此，实与弃子无异。原因有三：第一，高管通常是因为在成熟业务的卓越表现而升至高位，其认知上的抵触、嫌弃反而是根深蒂固的，很难跳出既有框架去理解新模型、新结构；第二，作为成熟业务的代言人、利益相关者，支持新业务，就等于必须应对左右手互搏的掣肘，所以，就算高管非常支持新业务，左右摇摆也会是常态；第三，高管支持也常让新业务自主权缩水。高管站在整个企业的角度思考新旧业务，会削弱新业务的自主权，例如，将新业务的成分整合进旧业务之中，或反其道而行之，以旧促新。不过，如果支持者是创业家本人或创始团队核心成员，这三种不利的影响要小一些。许多案例都表明，创业家既有不断折腾的动力和特质，也因为连接了广泛、高端的信息、知识网络而视野开阔。

再次，搭建基于自组织的内部创业机制。结构性创新产品，常常先在成熟企业内部研发出来，所以，问题的关键，不是做不出来，而是创新者无法争取到足够的资源去改善产品，获得许可以尝试投放市场。因此，企业要建立更为扁平化的资源获得机制，多元化的内部融资渠道，自组织的立项运营机制，使相信它、看好它的内部成员，能够以风险共担、红利共享的方式投入其中，在合适的时候还可引入外部资本、外脑、外部资源。这种基于自组织的内部创业机制，既要尊重创新者的项目决策权，又赋予自治权，包括人事、分红等。高管团队如果支持它，就以股东、董事的角色发挥作用，避免用上级对下级的方式发布指令，指手画脚。

最后，克制整合的冲动。总是有足够的动因和声量，将新结构和成熟业务整合起来，比如，减少浪费、提升成本效率等。将两种性质相互抵牾的业

第五章
结构性创新：变非顾客为顾客

务捆绑在一起，其实是自讨苦吃，因为两者在技术路线、价值网络上有分歧，在文化、认同上大异其趣。因此，务必将组织二元化，使结构性创新独立发展。当新业务发展到一定阶段，会自动整合、改造旧业务，如果总是站在旧业务的角度整合新业务，最终的结局是新业务抬不了头，旧业务还加速滑坡。

一个简单粗暴但有效的方法是，让创新业务远离成熟业务，布局在总部之外的城市或区域。这样做有两个好处：一是抑制仍对传统业务负责、从传统业务拼杀出来的高管随时"指导"新业务的冲动。假如新业务与总裁办公室同在一座大楼、同一个园区，位高权重的高管即使想要自我克制，也免不了有人来请示。然而，倘若"山高皇帝远"，创新业务的人员就会少受许多干扰；二是新旧业务的双方人马平日里几乎见不着面，也就谈不上交情了，没有交情，"合作"和"整合"就成为一件让人望而生畏的事情。数字沟通技术再发达，即时通信工具再有效率，在构筑信任、拉近关系上，都不如线下面对面的交流。创新业务和传统业务存在"隔阂"，是有益处的。

数年前，我们曾调研一家线下零售企业的O2O（offline to online，即线上线下融合）转型。新业务部门就在总部旁边，咫尺之遥。当时，这家企业展示了线下体验与线上下单的配合，例如，线下门店用射频识别技术来捕获进店顾客的行为"大数据"，以及迄今仍远未成熟的"轻便试衣镜"，即顾客站在镜子（或手机摄像头面前），"试穿"数字货架上的衣服，可在镜中或手机上看到试穿的效果，再决定是否购买。然而，它的线上商城当时就存在不少漏洞，迟迟未能修正。近些年来，这家公司的传统业务严重下滑，线上业务也差强人意，O2O融合迟迟没有显著的进展，在资本策略上几经折腾，毫无效果。

第六章

模块化创新：核心组件焕新

电力驱动技术并不是新近才有的新事物。早在汽车产业初期，即19世纪末20世纪初，电动车就和燃油车展开了竞赛。第一轮，电动车输了，市场选择了燃油车；20世纪70年代，在石油危机的压力下，电动车"复活"，只折腾出了一点小浪花，随着危机的解除，再次隐入尘烟；21世纪初，电池技术取得了突破性进展，电动车迎来了第三次浪潮。

这一回合，电动车终于要赢了。今天，纯电驱动的新能源汽车，已然势不可挡，终结燃油车似乎指日可待。连一直公开质疑、批评纯电驱动汽车的丰田汽车掌门人丰田章男，也直言"我是老一代，也感到了作为'造车人'的局限性"。这位守旧派代表人物，于2023年1月退居幕后，为丰田全力进军纯电汽车扫除了最大障碍。

除了电池技术的进步，电动车新势力还做对了什么，终于可以一雪前耻、扬眉吐气了？电动车的创新，是一种什么样的创新？与数字技术对柯达公司的毁灭性打击相比，创新者为什么还没能让传统的大型车企倒下或退出市场呢？

第六章
模块化创新：核心组件焕新

关键组件汰旧换新

替代品是"形式不同，但功能或核心效用相同的产品或服务"，通常基于完全不同的科学原理、技术路线、设计概念打造，但遵循相似的性能要求。例如，蓄电池+电机的组件科技是化学能和电能的相互转化，而内燃机是将热能转化为机械能，但是，两者都要接受汽车用户对最高车速、百公里加速时长、爬坡能力、续航里程等性能指标的检视。

尽管替代品是竞争战略五种基本力量之一，但在实务中，它的分量并不突出，因其属产业边界之外的威胁，而企业的战略注意力多在产业边界之内，尤其关注竞品的表现。然而，一旦替代品取得突破性、革命性的进步，就会重划产业边界线。

当产品组件或模块层面出现替代品崛起现象时，会对产品厂商产生什么影响呢？取决于该组件在产品架构中的地位。如果是非关键的组件采用了全新科技，对产品来说，不过是使自己变得更好、更强、更具优势的渐进式创新。例如，用数字化仪表盘，取代机械式、电气化仪表盘，虽然不会是顾客下单的决定性因素，却很可能是加分项，因此，汽车厂商较少纠结和犹豫。如果是关键组件汰旧换新，产品厂商则会"别有一番滋味在心头"。因为关键组件是产品效用、顾客买点的主力承担者，产品利润的重要源泉，一般掌握在产品厂商手中。

仅关键组件发生替代品革命的创新，即模块化创新。它有别于发明型创新，也与结构性创新不同，有三点值得注意。

第一，组件之所以是组件，是因为它很少能直接销售给最终消费者，必须"穿"上产品的外衣，才能规模化售出、赢利。例如，特斯拉早期的电池技术，来自 AC 推动力（AC Propulsion，ACP）公司的授权。ACP 自我定位为"为全世界的汽车公司和其他客户提供电池产品和工程服务的公司"，而非电动汽车整车制造公司。但是，为了证明电动系统的有效性，它还是打造了一辆整车——Tzero 跑车，并于 1997 年在洛杉矶国际车展上展出。Tzero 从 0 到 60 英里时速（零百加速时间）仅需 4.9 秒，以铅酸电池动力实现了 80～100 英里（约 160 公里）的续航里程。

第二，产品通常不止一种关键组件。例如，个人电脑的"统治者"是芯片+操作系统。因此，单一组件的吐故纳新，不易使新产品实现显著的性价比飞跃。这意味着，模块化创新者不会轻易战胜旧产品的制造者。

第三，采用新组件的新产品，在功能结构、性能指标上与成熟产品大体相当。例如，电动车无须进气格栅，电池摆放相对灵活，常置放于底盘的纵梁和横梁之间，电机和电池组的散热，依靠内置的风扇和液冷系统完成，降低风阻、提升续航里程成为设计的焦点，因此，前脸多封闭式，车尾则呈现出明显的线条，四轮多安排在四角，以最大化乘坐空间。燃油车不仅要进气排气，还需为发动机、变速箱留出足够的空间，所以很少采用四轮四角模式。虽然如此，电动车驾乘人员的基本角色、职能、责任、胜任力、体验没有发生本质的变化，因此，功能结构和性能指标也与燃油车大同小异。

第六章
模块化创新：核心组件焕新

创新者须先明确定位

发明型创新发现最大用途、找到规模化的顾客，有如开盲盒，需要不断摸索、试错，而模块化创新的目标顾客相对明确，顾客对自己要什么、不要什么是了然于胸的，竞争双方对此亦是洞若观火，所以，输赢都是不容易的。

不过，尽管模块化创新亮相即亮剑，也应当讲究策略，而不是盲目出击，在某个时间点就与整个行业为敌。而竞争战略的第一要务，就是找准定位。成熟企业通常已将目标市场细分，并构筑了各自的壁垒，形成了一定的均衡和默契。定位就是要明确进军哪块细分市场、与哪些品牌交锋。

如果用价格区间这种常见的定位工具，那么，定位就是回答进入哪个定价区间。不同价格区间的竞争焦点颇为不同。例如，10万元以下的电动车，续航里程无须太长，性能也不必强悍，顾客对空间、乘坐舒适性、高科技的要求也较低；而在豪华车区间，续航、性能、安全不是顾客的买点，而是基础要求，达不到某个标准则会成为拒绝购买的理由（"拒点"），真正打动顾客的，是内饰、地位感、乘坐体验、高科技、概念等。不过，创新者的产能提升、市场拓展都需要时间，加上新组件科技还需要进一步改良，因此，创新者的产品成本通常较高，一般会先进入中高价位的细分市场。当然，价格并不是唯一的定位工具，其他定位点还包括区域、客群、使用情境等。

适当的定位，应当充分考虑经营环境的有利因素、企业能力、可调用的资源。环境中的有利因素，包括政府的产业政策，地方政府谋划区域经济新增长点所设定的优惠政策，NGO 的推动，媒体的舆论导向等。

如前所述，有价值、稀缺、不可模仿、不可替代的资源，是竞争优势的来源。如果一家创新企业拥有大量这样的资源，必定是胜券在握。但是，这样的状况很少出现在创新者身上。此外，像发明型创新者一样，模块化创新者也要注意管理好资金，甚至要更加注重才是，因为试错的窗口期要短得多。倘若资金短缺，则危不旋踵。

资源不会自动转变为可交付的顾客价值，必须凭借企业的组织能力才能实现。具有竞争力的能力有三种：独特能力、核心能力、动态能力。在新的组件科技上，创新企业的能力优势明显，但在其他组件、模块上的能力则相对欠缺。

在充分爬梳环境机会点、盘点能力、资源后，创新者要确定能发挥优势的定位。有一家造车新势力，由一家互联网平台巨头和某地方国资车企合资，可谓背景强大、资金雄厚。但是，国资车企的基本盘在中低端市场，也素无创新的声誉，而该合资企业推出的产品却直指中高端市场。因此，它的结局也就不难预测了。

赢得竞争的五个挑战

模块化创新以一种新型竞品进入市场，却未提供显见的性价比优势，只有策略得当，方能虎口夺食。机会窗口的大小，取决于成熟企业何时大规模反击，也就是后者意识到新产品不是小众人群的小打小闹，而是真正会威胁到自己的竞争优势之时。在位企业需时刻盯紧产业内的老对手，不能过多、过早地把资源投入到尚未开始的战斗中。创新者如能趁此机会，超出防守方预期，攻其不备，就能实现先发优势。

1. **性能赶超、补齐短板**。与成熟行业正面对抗，说服习以为常的顾客改弦更张，必须在性能上和同级别对手对标甚至赶超，并补齐产品的短板。电

第六章
模块化创新：核心组件焕新

动车的历史表明，无论人们多么热爱清洁能源，如果不能满足这个前提，绿色环保就是曲高和寡的阳春白雪。

早在1859年，铅酸电池就问世了；1880年，集合了电机、铅酸电池和车的电动汽车诞生，比第一辆具有实用价值的内燃机汽车还早六年。在汽车工业早期，蒸汽、电力、内燃机三种技术路线都有支持者。技术最成熟的蒸汽动力，却因为燃烧效率低在比赛中最先出局。内燃机的燃烧效率高，但还存在很多的缺陷：手摇启动较危险；运转稳定性差，动不动就熄火；噪声大，还冒出浓浓黑烟，有碍观瞻。而电动车安静、平稳、操作简单，只是续航短、充电时间长。不过，跨州的高速公路里程当时还极为有限，一次充电的蓄电量足以支撑市内短途通行。所以，受市场青睐的是电动车，而非燃油车。不过，随着电动启动器、消音器等发明的出现，燃油车的缺陷消失了，而电动车的续航能力并没有显著提升。1920年前后，燃油车战胜了电动车。

半个世纪后，在方兴未艾的环保运动和能源危机双重影响下，电动车再次抬头。1972年，宝马公司在慕尼黑奥运会上展出了其首款电动汽车——BMW 1602e，动力系统由12个铅酸电池组驱动，最高时速62英里，但未真正投产。另有两家公司，Sebring Vanguard和Elcar的表现较为突出，前者生产了超过2000辆CitiCars电动车，最高时速44英里，续航50～60英里；后者最高时速为45英里，续航60英里，价格在4000～4500美元，性能差距仍然较大。所以，石油危机一结束，这波浪潮便戛然而止。

第三次浪潮的兴起，也与环保有关。不过，这一次，电池技术取得了长足进步。1994年，ACP推出的集成驱动系统AC-150，可为紧凑型、中型轿车提供200马力的动力，从而向世人表明，电动车能够兼顾高性能与高效率。2003年，了解到笔记本电脑、手机行业使用的锂离子电池后，ACP改用锂电池，大幅提升了性能，其打造的新一代Tzero电动车零百加速从1997年的4.9

秒缩短至 3.6 秒，续航里程从 80～100 英里大幅提升至 300 英里（约 500 公里）。见识过 Tzero 超强性能的马丁·艾伯哈德（Martin Eberhard）、马克·塔彭宁（Marc Tarpenning）、斯特劳贝尔（J.B.Straubel）以及伊隆·马斯克都建议 ACP 制造整车，但 ACP 志不在此。于是，这几位决定自己干，从 ACP 获得技术许可制造整车，成立了特斯拉。

2. 实现可见的差异化。性能对标、补足短板，还不足以说服普通人购买。例如，购买电动车的顾客，也许认可环保的理念，但很少会是环保主义者，不会随随便便就为一种理念买单。普通消费者要一些更合理的论据，一是新产品的确与众不同；二是性价比在某些情境中确有相当的优势。

欲让顾客眼前一亮，必须实现高辨识度的差异化。这不是非主流艺术家式的标新立异，而是打破陈规，创造出更契合顾客需求的价值。因此，创新者不能只在新组件科技上下功夫，还要全面审视产品本身，找到可修改、可改善之处，做出彩来，要奔着重新设计一遍产品去。

特斯拉在这一点上做得不错，打造了辨识度极高的产品。它是怎么实现的？提升工业设计的地位。曾先后出任通用汽车、马自达设计总监的弗朗茨·冯·霍兹豪森（Franz von Holzhausen）比较了特斯拉和两位前东家的区别：前者是产品主义的，后两家公司则受财务数字驱动；在特斯拉，设计与工程同等重要，但传统车企是工程优先，设计师的作用仅是把既定的设计方案弄得漂亮一些。

3. 快速优化成本效率。汽车业从来不缺脑洞大开的概念车，真正的挑战是量产，将成本降到市场可接受的程度。除了规模、全球化布局，优化成本效率也同样重要。例如，特斯拉的超级工厂采用包含冲、焊、涂、总四大整车工艺的"大联合厂房"设计，缩短物流路径，提高运行效率，同时充分利用纵向空间，在多层厂房中，用升降机、机运链等自动化物流措施进行空中输运，减少人工垂直搬运，节省输送路径；在工艺上，以一体式压铸替代零部件集成模式，不仅减少协调、管理多个供应商的成本，还取消了一条焊接装配线。原来需 70 多个冲焊零件，由多个供应商提供，变成一体式压铸后，只需一家供应商提供铝锭即可。

4. **打造新的价值网络**。价值网络不仅体现了厂商的成本结构，也决定了使用者的综合成本和体验水准。如果充电不便捷、不快速，用户体验就要大打折扣。

5. **吸引追随者，形成新阵营**。模块化创新者最终挑战的是一个行业，而非某家企业，单打独斗的风险极高，必须激励模仿者、追随者进入，在各个细分市场与旧势力缠斗，快速做大规模，尽早越过"临界多数"。这需要创新者证明技术上可行，商业模式有效，市场增长曲线陡峭，财富效应惊人。

在这五个方面都超出预期，难度极大、挑战重重，因此，模块化创新者需有"偏执狂"特征，否则，难以抵御强大对手的打压，说服潜在的合作伙伴与自己联手，更无法建立起以自己为领导者、引领者的阵营。

在位企业为何"让"出机会

在电动车崛起的第三次浪潮中，传统车企明明可以率先接纳电池电机系统，开发新产品，却偏偏将敢为天下先的机会"让"出，等着特斯拉等造车新势力来挑战自己，到如今纷纷接受新科技。何苦要绕这么大一个圈？

第一，认知极化。如果不是对环境保护、低碳有着坚定的信念，很难下定决心、投入不菲的资源、承担巨大的风险来开发电动车。而燃油车企和化石行业一直是环保主义者批评的对象，因此，它们也相应地形成了一种机制，将环保主义者排除在企业之外。结果是，双方认知、信念的两极分化（belief polarization）日益严重，外部的批评越来越尖锐，调门越来越高，监管者越来越严苛与急迫，而车企也越来越保守，认知鸿沟越来越宽。

的确，通用汽车研发了EV1，但只是应付、敷衍法律法规的要求，履行法定义务而已，目的是更大张旗鼓地卖燃油汽车。在企业决策者那里，电动车排在决策清单的底部，因为它与竞争态势、优势无关。决策很可能是这样做出的：大家讨论完前面的要事急事，业已疲惫不堪，都想着早点散会回家，于是随随便便指派一些人，组建一个临时团队，去完成政府布置的任务。因此，EV1是一件公关和政府事务部门交给公众和监管者的作业，而不是研发团队自愿、悉心打造的产品，销售部门也缺乏兴趣，所以，它不能盈利再正常不过了。

第二，知识盲区。在汽车行业，稍有"常识"和行业背景的人都知道，续航和性能一直是电力驱动的短板，一百多年过去了，仍然如此。谁能预测它何时会爆发呢？谁也不敢拍着胸脯说，拐点已到。传统车企研发负责人，因为改进内燃机的卓越表现而得到提升，是内燃机这种主导性设计的支持者、发展者，对此自然更是了如指掌，早已为电力驱动技术路线画了个大大的红叉，同时也在底层认知中为自己立了一座遥不可及的高峰，"我不可能解决这些问题"。

各行各业的知识网络并不匀称，并且隔行如隔山。在看起来是一小步、实则为行业的一大步迈出去之前，创新的新试验实际上局限在特定的知识网络之内。ACP一直在研究如何用铅酸电池做出更好的电力驱动系统，从20世纪90年代初，到2003年试用锂离子电池，这跨越历史的一跃，中间竟然相隔了十几年。要知道，索尼公司于1991年就正式发布了商用锂电池，并为消费电子行业带来了巨大变化。身在硅谷的ACP尚且如此，就更不要说在底特

第六章
模块化创新：核心组件焕新

律的燃油车企了。

第三，既得利益的阻碍。围绕内燃机已经形成了庞大的利益网络，各个主体累计投入了巨额的资源，也取得了丰硕的成果，正获得源源不断的回报。要刀刃向内地自我革命，为一个未经验证的产品而放弃确定、丰厚的利润，不是不易，而是几乎不可能。

既得利益，不仅是物质上的回报，还有精神上的愉悦。当一家企业的产品取得领先优势后，假以时日，这个产品和它的核心组件所达到的效果，就会成为顾客眼中的符号、身份，员工也会高度认同，视为自己的光荣与骄傲，内化为自尊、自我实现的来源和标尺。重新形成认同，有如浴火重生，质疑、剥离、破坏、重建，每一步都困难重重。

英特尔在20世纪80年代中期决定将主业从存储器转向微处理器。但是，在英特尔人心中，"英特尔就等于存储器"，所以，时任总裁安迪·格鲁夫最初感到"难以启齿"，"只能含糊其词地和同事们商量这件事"。在他进一步宣讲新战略时，"听众根本不愿意听我说话，我感到言尽词穷，他们也想掩耳不闻"。有一次，在午餐会上，一位员工站起来"咄咄逼人地问道：'你是说你能想象没有存储器的英特尔公司？'"格鲁夫"勉强咽下一口饭"后答道，"我想我能"，"立时举座哗然"。这样的现象，在每一家成功的企业都会出现。

当然，利益的逻辑，也能催生出模块化创新，前提是市场对旧产品突然不感兴趣了。例如，20世纪70年代的能源危机，导致用车成本大幅攀升，对市场的冲击颇为明显。一些研究表明，"美国汽车月度销量在两次危机后受到油价飙升影响，均出现大幅度走弱。第一次石油危机发生后，美国汽车销量由1973年3月的1280万辆陡降至1974年末的720万辆；第二次石油危机前，美国国产轻型车销量经过1975～1978年四年的回暖后，再一次出现大幅度的下滑。到1980年后，除1980年3月及1981年3月外，未出现过月销量超过千万辆的情况。"在这样的背景下，汽车厂商不得不将新能源汽车作为增长的一个备选项。然而，由于替代性技术远未成熟，因此，需求冲击得到缓解，动力便不复存在。

第四，道不同不相为谋。例如，丰田章男一直在宣讲，纯电驱动总体上并不环保，也不低碳，真正合意的路线是丰田的混合动力，以及它和本田、通用在研发的氢燃料汽车。

第五，摘桃策略。短视的绩效主义倾向，也是大型企业常见的通病。这种理念的逻辑是，让创新者去摸石头过河，自己紧随其后，然后凭借各种优势，以最小风险、最少投入、最低代价促成业务的更新迭代。例如，2006年7月，特斯拉发布Roadster。几个月后的2007年1月，通用汽车就在北美汽车展上推出了插电式雪佛兰沃蓝达（Volt），日产汽车则推出了聆风（Leaf）。

旧势力如何跟上新时代

模块化创新不会在短期内大幅提升性价比这一特点，决定了它对旧产品的替代，是一个相对缓慢的过程，因而很难对旧势力中的头部企业造成毁灭性打击，更不可能速战速决。客观地讲，电动车是非常独特的案例，政府不仅补贴电动车，还对它的对手出重拳，设定禁售燃油车的时限。即便如此，迅速崛起的造车新势力，也没能将旧势力速速逐出角斗场。

因此，只要替代的周期足够长，即使成熟厂商采用不太光彩的摘桃策略，也可免于大败局的悲剧。它们有足够的时间学习新技术、建新的价值网络，相对平稳地转型，跟上新时代（如表6-1所示）。

第六章
模块化创新：核心组件焕新

表6-1 成熟企业转型路线图

阶段	创新者	在位企业
概念验证	推出新产品，破除定见	关注、投资、合作；攻坚小组跟进发布
市场检验	交付小众产品	一定范围内交付新产品，组建新业务线
大力扩张	以改进的新产品扩大市场范围，构建配套设施等	感知到威胁，大力投入新产品研发
全面挑战	追随者涌现，新势力扩大版图	以新组件改造经典产品，对垒新势力
全面竞争	部分新势力遭淘汰	全面采纳新组件，旧产品逐渐退出

第一步，创新者确凿无疑地证明模块化创新在技术上是可行的。传统企业可以快速跟进。事实上，在这一步，传统企业不太可能傲慢到目中无人，更不会像轻视结构性创新一样不屑一顾。例如，通用、日产紧跟着特斯拉发布了自己的新能源汽车；戴姆勒在特斯拉快要倒下的时候，拉了它一把，连后来最顽固的丰田汽车也早在2008年就开始与它合作。

第二步，创新者向顾客交付新产品，证明商业模式是成立的。一般而言，第一批交付的产品，型号相对单一，价格也较为昂贵，大概率存在不少问题，规模有限。紧随其后的大企业，可依据自己的战略定位，在一定范围内交付新品，既是试水，也是宣示：一方面，自己有这个能力；另一方面，不是顽固守旧者。不过，在大多数细分市场，竞争还没有点燃星星之火。

第三步，创新者设计、制造、交付价格较低的新产品，扩大市场范围。即使新产品的定位和传统企业的产品定位存在明显的差异，大家也明白下一步要发生什么了，短兵相接将不可避免。创新者开始构建新的价值网络，竞争从产品间的比拼向联盟混战进发，传统企业则加大投入，加速研发、制造新产品。

第四步，创新者的模仿者、追随者涌现，新势力全面侵入各个细分市场。传统车企加速改造旧产品，推出内置新模块的升级版，对垒新势力的进攻。

这样做，一方面，接纳了新组件；另一方面，延续了既有的设计理念和产品逻辑，有效对接顾客的品牌认知。此时，一些老牌厂商也可能打造出爆品，例如，五菱宏光的miniEV就取得了成功。

第五步，鱼龙混杂的新势力大浪淘沙。新进入者中，不乏投机者，既没有产品理想，也没有合意的能力与资源，旨在获取"风口红利"。竞争是残酷的，不乏见好就收的退出者，也有被甩出"风口"而失败的企业。新势力的失败，意味着市场对模块化创新的认知越来越理性，旧势力的转型亦进入收官阶段，新产品成为主角，旧产品的增量锐减，存量逐渐退出。

毋庸讳言，不是所有旧势力都能赶上新时代。非常坚持的保守派，不仅公开批评创新者，更可能在研发上不为所动，因而在转型上行动迟缓。待眼睁睁地见大势已成，除了黯然退出，已别无选择。

第七章

重新发明型创新：速败头部企业

通信的基础设施转向3G、4G之际，诺基亚、摩托罗拉、RIM等手机行业曾经的霸主都失败了；而且，从巅峰跌落至谷底，仅几年时间。为诺基亚提供手机芯片的德州仪器公司，2005年的市场占有率还高达69%，七年后便默默退出了移动芯片市场。一直觊觎移动芯片市场，却迟迟打不开局面的英特尔，因在智能手机产业爆发的前夜婉拒了苹果公司的订单，并出售了移动芯片业务，错失了突围良机；尽管它后来折返入场，却始终难改二线品牌的尴尬，沦为苹果与高通博弈的棋子，只能再次退出。

为什么巨头会迅速折戟沉沙，甚少能够东山再起？为什么机会窗口如此短暂，一旦错过，就不再来？答案众说纷纭，莫衷一是。不过，总体而言，不管是学者的理论，还是评论家的分析，都力图搞清楚巨头们做错了什么，鲜少有问，这些巨头遭遇了何种创新的进攻？为什么此种创新的破坏性如此之强、如此之快？

这种类似闪电战的创新，本质上是对成熟产品的重新发明。

第七章
重新发明型创新：速败头部企业

何谓重新发明

iPhone 是一个重新发明的典型案例。

2007年1月，苹果公司发布初代 iPhone，时任苹果 CEO 斯蒂夫·乔布斯直言不讳，"今天，我们要重新发明手机"。当时，名叫智能手机的产品早已出现并相当成功，提供电话、短信、拍照、游戏、听音乐、看视频、连接互联网、电子邮件以及闹钟、日历、计算器等众多功能。苹果认为，这些所谓的智能手机，既不够智能，也非常难用。考虑到手机市场之大，苹果不惜耗时两年半，研发了一款"飞跃性产品"（a leapfrog product）。

它是如何飞跃的？第一，全新的用户界面。最突出的一点是，多点触控技术和触摸屏，取代了主流的物理键盘，留给屏幕更大的空间。这项技术和设计，基于电脑图形界面+鼠标的人机互动理论。不过，手机的鼠标，不是触控笔，而是人的手指。第二，将苹果电脑的操作系统 OS X 装入手机，为应用软件的体验跃升奠定了基础。诸如 iPod、电话、短信、图片等关键应用的情境化特征突出，相关动作更丰富，应用内不同操作、应用间的切换、协同无缝化。第三，提供先进、强大的互联网功能，用 wifi+Edge 联网方式，实现丰富的富媒体电子邮件、全功能浏览器（而非当时常见的 wap 版）、谷歌地图、小工具（widgets，如天气和股票）等。第四，在硬件上，突出轻薄，外观延续苹果一以贯之的简洁风格，采用三枚感应器——光感元件、近距离感应、加速元件，坐实产品更智能的主张。第五，用 iTunes 在手机和电脑间同步所有媒体内容、笔记、浏览器书签、邮箱设置、笔记、日程表、联系人、照片等。

从中，可管窥重新发明在做什么。

顾名思义，重新发明，首先是一种新发明。因此，它应当符合新发明的关键特征，即实现替代对象难以企及的性能飞跃，同一件事，旧方案做到 1，新发明要做到 10。

其次，重新发明要破坏的，是与自身很相似的产品，即功能相似、形式也相似的"竞品"，是新手机取代旧手机，而非蒸汽机取代马力，电子计算机代替机械计算器、人工计算员，汽车挤出马车。

最后，重新发明，创造了一种似旧实新的产品概念。一种产品通常有多种功能，但序分主次，性能有高下。不同的主辅排列、性能指标，意味着不同的概念。iPhone 的功能列表，与摩托罗拉 MotoQ、黑莓、奔迈 Palm Treo、诺基亚 E62 大同小异，但 iPhone 一个重大突破是，把"互联网装进了口袋里"，大大强化了手机作为互联网连接器的角色。表面看，是商务手机与娱乐手机式差别，实际却是通信终端设备与带电话功能的迷你电脑的分野。

重新发明型创新的机会，不是随处可见、时时常在的。影响企业经营的关键力量有七种：竞争对手、互补企业、顾客、供应企业、潜在对手、替代品、他择品。如果其中一种甚至多种力量，在短期内的"势力增至原来的 10 倍"，即发生了"10 倍速变化"，企业就会遭遇极大的风险，"风起了，接着台风来袭。浪起了，狂涛紧随其后"；"在 10 倍速因素面前，你可能会失去控制命运的能力。企业中发生了从未发生过的事，你的决策和行动对企业不再起作用。"而创新者则迎来了"敢把皇帝拉下马"的绝好机会。如果没有发生这样的变化，重新发明的机会就是黄粱美梦。试想，如果没有通信网络的升级换代和日益普及的 WiFi 网络，iPhone 的全浏览器不过是中看不中用的花瓶。

第七章
重新发明型创新：速败头部企业

超强破坏性的根源

重新发明型创新的破坏性具有两大特征：一是破坏得很彻底，不幸者不仅仅是丧失市场领先地位、市值贬损，还可能被逐出市场甚至破产；二是破坏的速度非常快，如摧枯拉朽，"呼啦啦似大厦倾"。那么，这超强的破坏性来自哪里？

比较一下不同创新关键要素的特征，就能发现其中的奥义。由于市场创新基本不涉及产品，此处仅比较五种创新（如表7-1所示）。

表7-1 五种创新的比较

创新类型	组件科技	功能结构	性能跳跃	物理联结	产品概念	扩散速度
发明型	新	新	是	新	新	慢
渐进式	改善	稳定	连续性改善	稳定	不变	快
结构性	现成	新	够用	新	非主流	中
模块化	新	稳定	从追赶到超越	有变化	"近亲"	中
重新发明	新	稳中有变	是	新	似旧实新	快

发明型创新，用新的组件科技和物理联结，实现新的功能结构，提供的性能是破坏对象望尘不及的。但是，有两个原因使它扩散较慢：一是全新的概念，市场接受有一个过程；二是关键性修正和市场化相互交织，尤其是一些隐性的缺陷，只有在向异质顾客推广时才会浮现出来。

渐进式创新，产品的功能结构、物理联结基本稳定，组件背后的科学原理、技术也一以贯之，性能在连续爬升，而非跳跃式质变。顾客既不用重新认识它，又能感受到进步，因此，接纳起来很快。在现实中，厂商常有意识地实施撇脂定价策略，率先更换产品的顾客支付较高的价格，后续跟进的顾客则享受一定的优惠。

创新者策略
破坏与反破坏之道

结构化创新者锚定主流市场之外的人群，无须组件科技大的突破，但需创造出新的功能结构、物理联结和产品概念，才能说服非顾客。尽管新产品在主流性能上远远落后，但适应了非顾客人群使用该产品的核心诉求，一是新的特性，二是跳水式的降价。由于发现顾客诉求的关键特征，大幅削减成本，都不是易事，因此，扩散不会太快。

模块化创新，受新组件的影响，产品的物理联结有变化，但功能结构相对稳定，产品的概念虽然是新的，但与旧概念是"近亲"关系。顾客接受起来，既不快，也不慢，关键在于成功应对五种挑战——性能赶超、显著的差异化、快速优化成本效率、吸引效仿者入局、组建价值网络，超出市场的预期，就能顺利扩散。

重新发明型创新，一方面具有可见的优势，功能上的性能跳跃，和设计上的差异化特色；另一方面，虽然创新者事实上创造了新概念，却把光鲜亮丽巧妙地塞进了一种广泛接受的旧概念之中，实新似旧，所以，在引入初期，顾客很容易理解它，大幅降低了教育市场的成本，扩散起来非常迅速。而且，似旧还有更深层次的埋伏，重新定义产品的概念。例如，无须烦琐的解释，普通消费者很快就能发现，"哦，iPhone是一种非常不一样的手机"；一段时间以后，消费者就认定，"哦，手机就应该是iPhone这个样子啊！"

扩散快这一特点，也为重新发明型创新者提出了一个严苛的要求，投放市场之时，必须基本修正了关键性缺陷。否则，扩散越快，累积的问题越多，造成的负面影响越大。而成熟企业在反击创新者时发生了类似的质量事故，只会加速被颠覆的进程。

第七章
重新发明型创新：速败头部企业

重新发明六步骤

模块化创新难以实现显著的性价比优势，重新发明型创新只有创造出性价比跳跃，才名副其实。那么，该如何抵达这个艰巨但极具诱惑的目标呢？

第一步：确认 10 倍速变化。这个前提不存在，重新发明就是在沙滩上建万丈高楼。当然，应尽可能提前预判，而不是待变化已然发生。否则，这不是创新战略，而是应急反应。预判一是明确的确会发生，二是大致的时间节点，过早，叫未来学家；过晚，则是人云亦云。

第二步：否定性对标。瞄准一个广为接纳的产品，列出其功能列表，并为各个功能的性能打分，极尽挑剔之能事，全景呈现其性能缺陷，全盘否定其市场正当性，指出顾客满意是假象，要深入剖析顾客满意中潜藏的不合理因素，然后爬梳整合为攻坚课题。

第三步：确立跳跃性目标。否定性对标，不是寻求改善，而是要确立一个仅凭行业现有知识、理念跳起来够不着的宏大目标。对任何连续性的目标都要坚决抛弃，真正做到"反连续性"。

第四步：广泛的跨界搜索。有意识地跨越到产业外的知识网络。其中一个方法是，增加研发团队的多样性，不仅有行业专家，更有行业之外的专业人士，充分利用其对行业的"无知"，尽可能天马行空地提出问题和可能的方向。不过，研发团队也要坚持宁缺毋滥的原则，因为重新发明型创新，平庸者是驾驭不了的。反连续性只会为庸常者制造痛苦、混乱，而非激发跨界探索的动力，产生相互碰撞、相互砥砺的兴奋；对普通人来说，辩论伤害自尊，对抗源于利益，胜负关乎面子。

第五步：逐渐收敛，形成新概念。无论如何，都不可能一次解决所有问题。应该基于技术的成熟度、可靠性排列出各个课题解决办法的优先项，并尽最大努力攻坚、找到最佳答案，逐渐形成并做实新概念。乔布斯曾描述过寻找最佳答案的过程，"设计一款产品，你得把五千多个问题装进脑子里，必须仔细梳理，尝试各种组合，才能获得想要的结果。每天都会发现新问题，也会产生新灵感。这个过程很重要，无论开始时有多少绝妙的主意。"

第六步：联合强大盟友。重新发明一件很有市场影响力的产品，离不开盟友的支持。在iPhone发布会上，时任谷歌CEO的埃里克·施密特、雅虎创始人杨志远以及运营商新格勒（Cingular，后更名为AT&T无线）CEO史丹利·西格曼（Stanley T.Sigman）为乔布斯助阵。

重新发明型创新，与模块化创新相似，一出场就来势汹汹、獠牙闪闪，直奔在位企业的产品；甚至无须特别的差异化定位，毫不掩饰要一竿子打翻一船人。

当然，在位企业不会无动于衷，更不可能将城池拱手相让。不过，在位企业反击时要避免"一步错，步步错"。加拿大曾经的超级明星企业RIM（Research In Motion，后更名为"黑莓"）对iPhone的阻击就不乏前车之鉴。

RIM，智能手机发明者的"高台跳水"

成立于1984年的RIM，自20世纪90年代中期以来，在通信服务领域开发了移动电邮这一"杀手级应用"；其终端产品黑莓手机，以全键盘按键为标志性设计，是"21世纪最初10年的标杆性产品，受到了各界人士的追捧，比如说唱明星、行业领袖、律师以及美国前总统巴拉克·奥巴马"。黑莓面向企业大客户销售产品和服务，与运营商合作并共享收入，而企业等机构采

第七章
重新发明型创新：速败头部企业

购的是一套解决方案，包括移动终端、软件服务、后端服务器等。

苹果公司发布 iPhone 时，RIM 由两位联合创始人，迈克·拉扎里迪斯（Mike Lazaridis）和吉姆·巴尔斯利（Jim Balsillie），分任联席 CEO 共同管理，前者负责产品开发，后者负责运营。

拉扎里迪斯和巴尔斯利都在第一时间注意到了 iPhone。前者一边在家里的跑步机上慢跑，一边看乔布斯在发布会上拿黑莓打岔，并王婆卖瓜地证明 iPhone 是如何卓尔不群；后者对 iPhone 的全功能浏览器印象深刻。第二天，巴尔斯利对拉扎里迪斯说，"运营商可不准我们将全功能浏览器放到我们的产品中"，因此，"苹果做成了一笔更好的买卖，我们从未获准这么做过。美国手机市场将愈加艰难。"拉扎里迪斯则评价道，"这帮人做得真不赖。这款产品与众不同。"

当然，RIM 不至于惊慌失措，两位创始人的理由有三：第一，iPhone 仍存在不少缺陷，"它并不安全，耗电太快，数字键盘的设计太差劲"，"电池续航时间不到 8 个小时，使用的是过时、缓慢的 2G 网络"；第二，两者的客户群不存在交集。黑莓的客户重视安全、高效，而 iPhone "如果能够走俏，那也是受到了沉迷 YouTube 等网站、不太重视效率和应用安全的用户追捧"；第三，战略焦点有别，"为广泛的互联网内容提供移动入口'并不是我们的业务要染指的领域'。"拉扎里迪斯预计，音乐、视频以及其他应用的下载，将拖累 AT&T 的网络，致其瘫痪。这个预测非常精准，的确发生了这样的状况。但是，AT&T 无线坚定地和苹果站在一起，给予 iPhone 完全的下载自主权和无限的带宽。

约 6 个月后，iPhone 正式上市，3 个月内即售出百万部。拉扎里迪斯拆开了其中一台，"觉得苹果将一台 Mac 电脑装进了手机"。此刻，他意识到，苹果是潜在的对手，"如果 iPhone 流行起来，我们将与苹果竞争，而不是与诺基亚竞争。"

由于苹果和 AT&T 旗下的 Cingular 签了独家销售协议，因此，美国另一家运营商威瑞森电信（Verizon）找到 RIM，要求他们开发一款"iPhone 杀手"，条件是必须放弃 RIM 的标配设计，改用触摸屏，威瑞森则承诺全力支持它在美国市场的销路：投入 1 亿美元营销预算，在其数千家零售店主推。

意识到"美国手机市场将愈加艰难"的 RIM，求之不得，欣然应承，接受了威瑞森的条件，打造了其第一款触摸屏手机——"风暴"。只不过，研发没有想象中的顺利，发布时间推迟了 6 个月，从 2008 年春天延宕至感恩节（11 月）前夕。要知道，苹果公司为 iPhone 设定的目标是，2008 年攫取全球手机市场 1% 的份额，售出 1000 万台。临近年底，威瑞森的对手 Cingular 已赚得盆满钵满。可以想见，焦虑的威瑞森必是怨诽满腹。

不过，得益于威瑞森的补贴政策，黑莓风暴在两个月内便售出了一百万部。拉扎里迪斯说，"这是我们迄今为止新产品上市后最为畅销的一款，我们无法满足市场需求。"然而，RIM 遭遇了快速扩散的"魔咒"。风暴只用了一个处理器，所以，触摸屏的反应较为迟钝，且边角部位反应不佳；浏览器运转缓慢，常常死机、重启。2009 年春，威瑞森首席营销官约翰·斯特拉顿（John Stratton）告诉巴尔斯利，"2008 年出货的 100 万部风暴手机，几乎每一部都需更换，很多更换过的手机还被退货"，并要求 RIM 赔偿自己 5 亿美元。失望的威瑞森还决定转投谷歌新推的安卓系统，与摩托罗拉合作，在 10 月合作发布了摩托罗拉 Droid。

黑莓风暴的失败，没有影响 RIM 的整体业绩。2009 年初，北电网络（Nortel Networks）申请破产保护，RIM 荣升加拿大科技界领头羊；12 月，《财富》杂志列出了 2009 年"全球增长最快的 100 家公司"，RIM 独占鳌头，每股收益增长了 84%，营业收入增长了 77%。

第七章
重新发明型创新：速败头部企业

　　一方面，为了加速跟上时代的步伐，RIM 于 2009 年夏天收购了火炬移动（Torch Mobile），一家专为手机开发网络浏览器的软件公司。然而，把火炬浏览器整合到 RIM 操作系统中，存在"代沟"，兼容性问题多；另一方面，威瑞森牵手安卓，没能打到苹果，却意外波及微软的 Windows Mobile、Palm OS（个人数字助理公司 Palm 推出的操作系统），随后，这把"大火"也烧到了 RIM。RIM 的操作系统开发于约十年前，而苹果、安卓采用的新软件平台，有利于开发者开发用户友好型界面。因此，重做一个操作系统开始提上议事日程。

　　其实，需要弃旧更新的，不止操作系统。例如，坚守物理键盘，还是全面拥抱触摸屏？在高端市场"硬刚"苹果，还是把低端设备作为突破口？是继续封闭的私有软件技术，还是开放？RIM 的决定是，遵照《创新者的窘境》的主张，两条腿走路。一方面，打造一个新系统，黑莓 10（BBX）；另一方面，将旧系统黑莓 6 升级到黑莓 7，并继续推出全键盘手机。2010 年，RIM 收购了 QNX 软件公司。这家公司的产品，主要应用在工业领域的紧急呼叫中心和宽带服务等。

　　然而，QNX 的第一个任务是为 RIM 的平板电脑 PlayBook 开发操作系统。任务非常繁重，QNX 团队难以独立完成，因此，PlayBook 的发布，从 2010 年秋拖延至 2011 年 4 月份，仅销出 20 万台，只有华尔街预期的一半。新团队无力按时按量按质完成任务的问题，在开发 BBX 时重现。抽调到新团队的员工和留在老团队的员工各怀心思，前者深感压力山大，后者则焦虑于自己的前途；当新团队不堪重负的时候，老团队不愿伸出援手。2010 年 12 月，威瑞森官宣投资 4G 的 LTE 技术。尽管 BBX 正是为 4G 而作，但它还没有准备好。于是，RIM 劝说威瑞森，4G 的效率不及 3G，黑莓的 3G 手机 Bold 完全够用。威瑞森对 RIM 彻底失去耐心，中止了合作，RIM 失去了一个重要的合作伙伴。

与此同时，巴尔斯利正推动一项新的战略——"短信2.0"，试图将黑莓的即时通信工具（BBM）升级，并兼容到其他平台。2005年，RIM推出BBM，用户用PIN码与其他用户通信，无须借助电子邮件。可靠、免费、随时在线、信息长度不受限且隐私受到严密保护等特点，使BBM大获成功，甚至到2013年9月时，BBM的月活跃用户还有6000万。但是，BBM仅限黑莓手机用户使用，所以，苹果和安卓平台上便出现了BBM的模仿者。RIM的前雇员，泰德·莱文斯顿（Ted Livingston）创办的kik，即为其中之一。kik于2010年10月上线，15天即收获百万用户。正是kik，激发了腾讯公司张小龙下定决心开发微信。RIM服务部门主管阿隆·布朗（Aaron Brown）说服巴尔斯利让BBM兼容其他平台。巴尔斯利深以为然，努力与运营商谈判。2011年中，有几家运营商支持巴尔斯利的计划，为此，RIM还收购了多家公司。

然而，随着苹果和安卓的迅速崛起，资本市场开始踩踏RIM。2011年，RIM股价暴跌，到年底时跌至15加元，自2008年的最高峰以来，已下跌了近90%；10月，发生了连续三天中断服务的质量事故，致其品牌声誉大幅折损，许多客户开始拒绝付费，忠诚客户拂袖而去；内部人事也渐入多事之秋。多年来，RIM的首席技术官大卫·雅克（David Yach）与拉扎里迪斯合作密切，因为开始质疑公司准时研发产品的能力，为拉扎里迪斯不喜，于2012年初离职。不久，拉扎里迪斯和巴尔斯利双双下台，手机部门负责人、来自德国的托斯滕·海因斯（Thorsten Heins）成为新任CEO。

2012年，装载黑莓老系统的新版本——黑莓7的Bold全键盘手机增长开始放缓。海因斯认为，黑莓10才是未来，必须优先发展。巴尔斯利的短信2.0项目很快走到了末路，"市场上有太多的即时通信服务，我们希望小心行事，确保我们能够提供独特的产品。"尚留任董事的巴尔斯利于3月底黯然退出董事会，并清空了手中的黑莓股票。留任副董事长的拉扎里迪斯则主张加强

第七章
重新发明型创新：速败头部企业

黑莓 7 手机，以应对增长疲势，"这是我们的衣食来源，是我们的标志性设备。全键盘是人们购买黑莓的重要原因。"最后，管理层妥协，继续两条腿走路，虽然优先发展触摸屏手机，但继续开发键盘手机。

2013 年 1 月，黑莓 10 手机 Z10，历经两年的开发后终于面市，RIM 也正式更名为黑莓。短短 8 个月后，Z10 即宣告失败。其中一个原因是，它两头不讨好，一方面，触摸屏、新系统让忠诚的老客户大失所望；另一方面，比起安卓、苹果手机，它又难以引起新顾客的兴趣。

至此，黑莓在终端产品、系统、应用软件三个方面的努力都不达预期。经典的戏码再现，裁员，私有化动议，人事震荡继续，2013 年 5 月，拉扎里迪斯离开董事会；11 月，海因斯下台，外聘的"救火专家""白衣骑士"程守宗接任 CEO。

2014 年 9 月，黑莓发布"护照"（Passport）智能手机。它搭载黑莓 10 操作系统，却保留了经典的物理键盘。这个十分奇怪的折中，既是向黑莓的过往致敬，也是向黑莓告别。2015 年，黑莓推出了首款安卓手机，成为可畏后生安卓阵营的一员，然而却为时已晚。2016 年 9 月，程守宗宣布不再生产智能手机，将黑莓品牌授权给中国 TCL 公司。2022 年 1 月，程守宗宣布不再支持黑莓的操作系统。

从 2007 年 iPhone 露面，到黑莓 2010 年急转直下，不过三年时间；假如从黑莓高光时刻的 2009 年算起，中间不过一年而已，颠覆的速度之快，真是让人瞠目结舌。

应对错谬：从差异化错觉到战略迷失

RIM 应对苹果、安卓挑战的过程中，有一个小插曲，遵循破坏性创新理论的建议，坚持两条腿走路，但这一策略不仅没有帮上忙，反而陷 RIM 于战略歧路的左右摇摆之中，加速了它的衰败。这段故事清楚地表明，"不同的创新形式需要不同的战略方法"（different types of innovation require different strategic approaches），适合破坏性创新的对策不能应对重新发明型创新。

尽管重新发明型创新有如核弹一般威力巨大，但绝不是无解的。因为重新发明是一项艰巨的任务，对创新者的能力、资源、战略思维、市场认知、创造性有苛刻的要求。创新者很难一次性实现所有功能的性能飞跃，也不免要犯些错误，才能走上正确的道路。因此，在位企业是有机会的。不过，总体而言，在位企业有效反击的机会窗口较为短暂，一旦犯错，胜率就会减半。而 RIM 在应对 iPhone、安卓时反应与动作（如表 7-2 所示），可谓一错再错，其中的教训，当为后来者深思与鉴戒。

表 7-2　应对重新发明型创新的失策与对策

创新者	在位大企业	结果	破坏点	应对策略
宣示"重新发明"	"差异化错觉"	错判焦点，行动不力	市场认知	认知切换
初战告捷	急于"超车"	赶超失败，士气受挫	在位者的自信	内部赛马
继续领先	尝试新的路线	战略摇摆，路线斗争	战略一致性	从容应对
扩大优势	心有不甘	搏到最后，转型太迟	市场份额、市值	战略聚焦

错误一：路径依赖，应对迟缓

重新发明型创新产品向成熟行业的大企业发起咄咄逼人的进攻，视而不

第七章
重新发明型创新：速败头部企业

见是不可能的。但是，自诩重新发明者多，真正能办到的少。所以，在位企业必须要对进攻者做出准确的判断：不善的来者，到底是釜底抽薪的颠覆者，还是一种新的差异化竞品而已？如果是后者，风声鹤唳未免太缺乏大将风范了。

RIM 两位决策者在第一时间就分析了 iPhone 的功能点和卖点，初步的结论是它适合不太重视效率和应用安全的用户。六个月后，拉扎里迪斯拆开 iPhone 后发现，"苹果将一台 Mac 装进了手机"后，意识到 iPhone 是实力强劲的对手，"如果 iPhone 流行起来，我们将与苹果竞争，而不是与诺基亚竞争。"问题是，苹果到底是如何进攻的？RIM 到底该如何回击才是对的？

虽然 iPhone 在连接互联网这一功能上获得了巴尔斯利垂涎的交易条件，但是，RIM 也无意为商务人群接入音乐、视频等娱乐内容，因为商务人士重视效率、数据和通信的安全。至于易用性的提升，可以在既有框架内改进。看来看去，其最大的差异点，无非是触摸屏对物理键盘的取代。因此，只要推出一款触摸屏手机，就能呼应顾客的求新求异之心，也构筑一道防线。

然而，这是一个错觉，差异化错觉，错把极度危险的颠覆者仅视为产业的差异化生存者，本质上是将竞争局限在当下，而不是着眼于未来。

一些大众心理学说，"毁灭我们的是，不是无知，而是傲慢"。傲慢致败的故事的确很多，但很少发生在成熟行业的领先企业。凭借自身能力赢得中心位置，外溢给价值网其他成员的优越感，这不是傲慢，而是社会的游戏规则；如果是对顾客的无理，那也只是管理能力的极限，是少数、个案，而非系统性的傲慢，如果是企业文化和体制性歧视，通常是定位的取舍使然。毕竟，社会系统不是精密仪器，无法百分百控制；如果是在公开场合形于外的自信甚至自负，也是多数顾客选择给的底气。

差异化错觉源自顾客满意的路径依赖。一家企业的份额业已很高，却仍在增长，利润、市值都在步步攀高，不是顾客满意，又是什么呢？可是，任何企业都不应该高估顾客满意度和忠诚度的价值。从某种意义上讲，这两个商业术语都是自欺欺人、掩耳盗铃，因为大多数顾客永远不会满意，也绝不会有什么情感上的忠诚可言。

当市场调研公司统计出超高的顾客满意度时，基本上是在用正确的、科学的工具询问错误的问题。当顾客说"我很满意"时，真实的想法是"我没有什么不满意"，"如果能再降低30%的价格就更满意了"，不一而足。

"顾客忠诚度"更是荒谬的伪术语。顾客对旧产品的满意和忠诚，只是习惯使然，是长期合理化的结果。一旦重新发明型创新者"提醒"他们，所谓合理其实根本不合理；所谓正常，原本可以有更好的选择，他们会比被忽视、轻视的非顾客更愤怒，然后毫不犹豫地购买新产品，抛弃曾经让他们"非常满意"的品牌和厂商，因为他们买得起。

RIM就是为超高的顾客满意度所蒙蔽，形成了对商务人士的刻板印象，以为这些西装革履的白领、金领们对全功能浏览器毫无兴趣，不想看视频，不想听音乐，不想玩游戏，只是一门心思地工作。RIM应该反思，一个随身携带的互联网终端，对商务人士到底有什么跳跃性的价值？如果苹果改善了效率和安全，商务人士会不会趋之若鹜？如果另一家公司做了一件效仿苹果的商务手机，RIM应该如何接招？

错误二：急于超车，轻率豪赌

因此，即使没有威瑞森伸出的橄榄枝，RIM也要开发触摸屏手机。威瑞森的焦点也在触摸屏，可谓英雄所见略同。就这样，黑莓风暴项目在众人翘首企盼中启航了。

第七章
重新发明型创新：速败头部企业

对威瑞森来说，研发的进度越快越好，因为时不可待、机不可失；对RIM来说，也是如此，如果不能尽快给苹果一个下马威，苹果就会跑到自己的领地撒欢。

备受瞩目的好处是人、财、物样样充足，坏处是"萝卜快了不洗泥"，产品很可能会带着缺陷走上市场。因为面向的是成熟市场，所以，这是非常冒险之举。RIM毅然放弃了自己的标志性设计——实体全键盘，表明风暴并非深思熟虑的选择，而是裹挟着复杂情绪的产物。而且，RIM在触摸屏上的技术积累是否足够，也是个问题，因为苹果已经申请了专利。

表面看，黑莓风暴只是小试牛刀，实际上却是一次豪赌。豪赌，赢通常是因为走运，输才是正常。RIM下的注，是自己多年来的品牌声誉，以及整个公司上下的信心，实在应该慎之又慎。可是，多种力量在揠苗助长，让原本就小的胜算变得越发小了。所以，风暴遭遇挫折几乎不可避免。

风暴的失败，给RIM带来了一场信心风暴。2015年6月，在加拿大多伦多帝国学会的论坛上，已彻底离开RIM、久未露面的巴尔斯利发声，将黑莓的失败归咎为"急于抗衡iPhone"对公司造成了毁灭性打击。他说，风暴的失败，"让我们名誉扫地"。2009年退休的首席运营官拉里·康利（Larry Conlee）也表曾示，"我们以为这在我们的能力范围之内，但我们错了。我想大家都会感到尴尬。"康利的继任者唐·莫里森（Don Morrison）后来也坦言，"每个人都很沮丧，它让整个公司丧失信心。它动摇了人们对于黑莓品质所持有的基本信念。"

风暴的折翼也伤害了拉扎里迪斯对"亲密战友"的信任。拉扎里迪斯告诉首席技术官（CTO）大卫·雅克，"是你造成了这种糟糕的用户体验"。在雅克看来，"很明显，他很沮丧。从他的角度来看，我们让他失望了。"巴尔斯利则很早就看清了态势，"我们眼睁睁地看着它失败了。当时，我就知道我们无法在高端手机市场立足了。"

自信、信任和融洽的关系一旦被破坏掉，再难恢复。这对一家具有优势地位的企业来说，简直是灾难性的。垮塌的信心，使人堕入高度紧张的状态中，会影响一个人正确思考问题的能力。亚伯拉罕·马斯洛写道，"自尊需要的满足导致一种自信的感情，使人觉得自己在这个世界上有价值、有力量、有能力、有位置、有用处和必不可少。然而，这些需要一旦受到挫折，就会产生自卑、弱小以及无能的感觉。这些感觉又会使人丧失基本的信心，使人要求补偿或者产生神经病倾向。"

也许，没有威瑞森的大力支持，RIM会以相对正常的速度推进触摸屏手机的研发，不至于坐上急躁的快车。这再次验证了"好钱坏钱理论"的洞见。当产品、模式尚未经市场验证时，就投入大量资源，做大规模，恰如南辕北辙，马越良，用愈多，御益善，离目的地就越远。RIM本可以拒绝威瑞森的一片好意，却没有这样做。

错误三：犹豫不决，取舍失度

黑莓风暴的失败，让差异化错觉才彻底惊醒。2009年，拉扎里迪斯终于明白，"曾经有运营商通过改变规则，迫使其他所有运营商最终改变了规则。苹果可以重新设定人们对于手机的期望值。在他们看来，通话不重要，电池续航不重要，成本不重要，这就是他们天生的秉性。我们必须以一种完全不同于人们预期的方式予以回应。"

只是此时，它的腾挪空间已大幅收窄：不断改进的iPhone附加了AppStore，正带领着一批应用开发者踏过黑莓最后一道防线，安卓阵营的新势力正快速壮大。从某种意义上说，当商务人士开始自掏腰包购买iPhone时，

第七章
重新发明型创新：速败头部企业

如果 RIM 还是不能有所突破，就要做好退场的准备了。

问题是，突围机会在哪里？

失败和自救的焦虑，既破坏了决策者的战略自信，也在一点一点地稀释他们的权威。结果，一是战略上的摇摆变成了常态，不时命令赶路的将军中途去打兔子；二是对救赎之道的探索，不可避免地多元化了。

虽然 RIM 意识到把新事物嫁接到旧的体系中是行不通的，必须推倒重来，开发全新的浏览器，打造全新的操作系统，为此，并购了火炬移动、QNX 软件等公司，却又让新团队先为跟风 iPad 的 Playbook 打造操作系统。而巴尔斯利则为打造跨平台的超级应用 BBM 而奔走。同时，传统业务，包括硬件、系统软件、设计思路、技术路线也在继续推进中。

多条路线的竞争，分散了资源、能力。这是一个混乱而乏成效的时期，也是组织政治发挥最大效能的时期。最后的结局是，两位联合创始人、联席 CEO 双双下台，新任 CEO 海因斯欲大力实施新战略，却受掣肘。

企业氛围也沉闷压抑。决策层在战略上莫衷一是，却渴望研发人员、市场人员带来好消息。如果没有好消息，"船长"就会变得可怕，而"船员"则时时忧惧船沉。所以，只能"制造"好消息。所谓制造，一是欺上瞒下、报喜不报忧甚至造假；二是更加卖力地"压榨"外部合作伙伴。这两种行为，都会加速衰败。

类似的现象，也发生在同期蒙尘受难的诺基亚身上。在诺基亚已成明日黄花之后，欧洲工商管理学院（INDEAD）战略学教授贵辉（Quy Huy）和芬兰奥尔托（Aalto）大学战略管理学教授蒂莫·沃里（Timo Vuori）访谈了 76 位诺基亚的员工，包括高管、中层、工程师以及外部专家，发现下行通道中的诺基亚充满着"组织畏惧（organizational fear）"，高管喜怒无常，以"可怕"著称，只关注短期的业绩，中层则如惊弓之鸟，不敢讲出真相，结果是，没有人想要对坏消息有所担当，高层被蒙在鼓里，中层经理则变得沉默寡言，或一味地投其所好。这种掩耳盗铃式的恶性循环，就像"庞氏骗局"一样，迟早要崩盘，而且，一旦崩盘就是雪崩式溃败。

错误四：倔强到底，转型太迟

黑莓10在争夺第三名的竞赛中输给了微软Windows Phone，终端产品Z10、Q10（搭载黑莓7操作系统）均告不利，止损、退出、转型，其实已经不可避免。

但是，黑莓手机仍然战斗到了最后一刻，还打造了不伦不类的"护照"手机。在触摸屏已成标配的环境里，它保留了物理键盘，仿佛没落贵族的最后倔强。更糟糕的是，它最终向安卓输诚，却依然未得要领，没能走出低迷，徒增几分羞耻。

不幸中的万幸是，黑莓没有走到破产的境地。在程守宗的带领下，黑莓不再生产手机，而是转向了新的领域——软件服务，聚焦在物联网系统和设备间的网络安全、语音加密和数字通信，涉及的领域包括汽车、医学、工业、航空电子等。2022年1月，程守宗在一封公开信中写道："今天，我们防御了96%的威胁，仅在2021年就阻止了超过1.65亿次网络攻击。我们安全地连接了超过5亿个移动、桌面和物联网端点。我们的安全认证软件已用于超过1.95亿辆汽车，其中包括25大电动汽车（EV）制造商中的24家，并且我们继续以新功能和创新拓展新市场。其中包括去年授予我们的2000项专利。"

在英特尔的存储器生意摇摇欲坠之际，意气消沉的格鲁夫在办公室里问摩尔："如果我们下了台，另选一名新总裁，你认为他会采取什么行动？"摩尔犹豫了一下，答道："他会放弃存储器业务。"格鲁夫问道，"你我为

第七章
重新发明型创新：速败头部企业

什么不走出这扇门，然后回来自己动手？"假如类似的对话早一点发生在拉扎里迪斯、巴尔斯利之间，黑莓会相对从容，也相对体面早转型。因此，希望后来者都记住这个经典对话，不要走到山穷水尽之际，才思考柳暗花明在哪里。

当然，也许这才是世间万物革故鼎新的进化之道，"（旧事物的）死亡很可能是生命舍此无他的最佳发明，它促动生命日新月异，清除故旧，为新生开辟道路"。"江山代有才人出，各领风骚数百年"，正是一项项业务历经了最后的挣扎与倔强，一款款新的产品不断诞生，一家家新企业不断成立，才使整个经济体充满活力，实现了整个系统的基业长青。

对策：反颠覆五原则

以研究企业卓越之道著称的吉姆·柯林斯发现，"卓越的企业并不比其他企业更幸运：它们的好运气不比别人多，坏运气也不比别人少，它们的运气峰值并不比别人高，红运当头的时机也不比别人多。但是，它们的运气回报高于其他企业，它们能从运气中收获更多。关键问题并不是我们能不能交上好运，而是运气到来时，我们要利用它来做什么"。其实，还需补充一点，当坏运气到来时，要尽可能少做错事、落错子，要努力做到"先为不可胜"。那么，面对重新发明型创新，在位的成熟企业该如何为不可胜呢？

认知切换，而非行动迟缓

差异化错觉的对立面,是将重新发明型创新视为一种颠覆性的威胁。迎战一种颠覆性的力量,意味着,既有的优势不再是优势,劣势却是溃败的隐忧,必须早做打算。当然,企业不可能把所有创新都标记为最高等级的威胁,杯弓蛇影、过度防御只会造成谨小慎微、浪费资源,而且,长此以往,反而变得麻木不仁。因此,问题的关键是有效判定创新产品的破坏性。

第一,要拆解创新产品的功能结构、组件科技、物理联结、目标顾客、性能跳跃、核心概念。如果一件新产品,瞄准产业内的顾客,应用了不少新组件、新模块,虽然功能相似,但性能有显著的进步,甚至不乏跳跃式提升,且产品的概念难以清晰界定,那么就应当格外小心,至少不要急于下结论。

第二,决策者应摆脱直觉的控制。越是成功的企业,越是风头正劲的企业,越可能对自己的直觉、经验保持高度的自信。然而,越是重大的问题,越不宜"直接采纳第一个出现的答案",因为"大脑神经像一片相互交错的森林,由于是为了效率而生,因而它往往会首选经年屡用的答案,很难直接把最意想不到的想法付诸行动"。因此,不妨向达·芬奇学习,他在解决任何问题时,都不相信自己想出的第一个答案,而是继续探索更多、更好的答案,理由是"第一个答案可能是常规思路的产物,没有十足的创造力",相反,"他总是走那条阻力更大的、不寻常之路,以探寻大脑深处未经开采的地方"。

仅仅是观念上的警觉,还远远不够,应在机制上有所安排,确保潜在的威胁得到系统、非自我中心主义的研究和判断。例如,不少公司借鉴军队蓝军红军模式,实操业务创新,推演竞争策略。试想,假如RIM内部有一支名曰"西瓜"的蓝军,站在苹果公司或潜在竞争者的角度来琢磨双方当下的态势及未来,RIM犯错的概率会低得多。

研发或战略研究部门定期举办分析会,或者开辟人人可参与的内部社区,做一项永久的思想实验——"在什么样的情况下,我们将失去全部业务"。

第七章
重新发明型创新：速败头部企业

管理层可以发起讨论或辩论，但不宜先定调。假如拉扎里迪斯提出一个问题，iPhone 和黑莓手机的重大差异有哪些？巴尔斯利问，黑莓是否有必要、该如何争取到与苹果相似的交易条件？答案一定比两位创始人脑里的选项要多得多。

认知切换的目标，不是一步到位地给出对策，而是避免路径依赖，对冲决策者的过度自信，跳出自我中心的泥潭。同时，员工参与决策，积极思考，不仅有利于跨界搜索异质知识、观念，同时也是高效执行的前置。一旦管理层做出决定，员工在认知上已经做好了准备，会使行动的效率大为提升。

内部赛马，而非盲目出击

准确判断出创新者的威胁性后，该如何应对？通常，企业会组建一个直接对决策层汇报的攻坚团队来出奇制胜。但是，重新发明的对象是广大顾客熟知的事物，顾客只会给重新发明者一次机会，所以，必须本着比赛是一局定胜负、出战即决战的态度审慎出招，务必一击而中。这一特点，是创新者旗开得胜的基本要求，也是在位企业反击的根本前提。轻率、盲目出击是大忌。

第一要务是先找到正确的路。在投入大量资源推广之前，要确保产品有效契合了顾客的新思维、新需求，修正了关键缺陷，质量要过关，至少要达到正常水平的良品率。执行这类高压型任务，内部赛马是看似浪费实则有效、似慢实快、似远实捷的方法。

腾讯公司的微信就是这样诞生的。2010 年 10 月，尚未明晰移动化战略之前，腾讯决策者决定，由手机 QQ、QQ 通信录以及 QQ 电子邮件三个团队分别独自开发基于移动网络的即时通信工具。前两个团队均为无线互联网业务事业部成员，分别位于深圳、成都，摸索、执行新战略名正言顺，也义不容辞。半路杀出的 QQ 电邮团队地处广州，隶属于集团的研发部门，之所以获准参与，原因有三：一是团队负责人张小龙的能力、业绩为高层所认可，毕竟，Foxmail 的口碑有目共睹；而且，在他手上，QQ 邮箱从日活跃度仅几万，从"公司内部已经没有人在负责这个业务了，就连邮箱代码都没有人管了"的状态，成功超越了网易邮箱；二是张小龙主动请缨；三是就初衷而言，决策层对这个团队的定位很可能是充当"鲶鱼"。

由于三个团队面向同一个市场，开发同一种工具产品，因此，腾讯管理层设定了竞争规则：一是"谁在市场表现上胜出，谁就赢得公司资源"；二是三个团队均可以从集团研发部门获得基础技术及基础设施，并从公司的知识共享平台获取共有知识（shared knowledge）。2011 年 1 月，微信上线，在没有利用腾讯其他产品用户基础的情况下，快速累积了用户。QQ 通信录没能赢得早期用户的追捧，率先遭淘汰，剩下微信与手机 QQ 两个团队继续比赛。3 月，管理层推动手机 QQ 项目组和微信团队在技术、功能模仿、产品研发等方面的合作。5 月，微信经历了第一次用户暴增，赢得内部竞赛。6 月，管理层令手机 QQ 团队支持微信推广，助其强势甩开外部对手。当下，微信已是 10 亿级用户的超级应用。

内部竞争，自然会导致一定程度的紧张，但有助于企业在探索新业务时规避路径依赖，突破观念的束缚、知识网络的羁绊，摆脱利益网络的牵制。管理层的任务是，设定公平的竞争规则，及时关注进展，确保竞争是良性的、文明的。对正常的公司来说，具体是谁在赛马中胜出并不是第一位的，真正重要的是，尽可能多、尽可能快地验证什么是可行的，什么是不可行的，然后把可行的整合起来。

由管理层指定人员组成攻坚团队的模式，面临的不确定要多一些。在外患日益严峻的情势下，得到管理层认可，成为大家心中救星般的存在，对员

第七章
重新发明型创新：速败头部企业

工来说当然是荣誉，但也意味着极大的压力。所以，这种模式也许更适合探索型项目，或谋划"进攻"；在一种相对轻松的环境下，人们会搜索更多异质知识，想出更多非常规的选项。

从容应对，而非虚张声势

创新产品在市场上表现惊人，在位企业要展现出从容姿态，真的准备好了，再强势出击。

大敌当前，巨头是否应当在公众面前表现得隐忍、谦逊，并非毫无争议。员工希望公司足够强硬，因为不能长他人志气，灭自己威风；合作伙伴希望中心企业能为自己赋能，以免让顾客犹犹豫豫；媒体则偏嗜浮夸、戏剧性，因为这样有流量；代表公司发言的高管也渴望一吐为快。不过，企业的决策者应当对企业的整体和长远利益负责，而非讨好某一方或少数利益相关者。

诚然，事件营销是近乎免费的宣传。但是，任何好处背后都有代价甚至陷阱，"天下没有免费的午餐"，免费的，反而是最昂贵的。虚张声势带来的士气，只能是短暂的兴奋，不可能支撑长久的自尊。不管是调侃、蔑视、批评甚至诋毁创新者，还是自吹自擂，如果不能以产品的研发进度、质量和市场表现为基础或后盾，品牌声誉和士气反而会螺旋式下坠。一旦陷入恶性循环，即不断用新的"商业行为艺术"，为上一次未践其言的折戟张目，终会使公司声名狼藉，最终连真正的忠诚客户也寒了心，黯然远去。管理者本人则离下台越来越近。

2011年，针对RIM高调的宣传造势与产品研发的不断延期、延期之后仍然漏洞不断等问题，沃顿商学院管理学教授劳伦斯·赫比尼亚克（Lawrence Hrebiniak）批评道，"危险在于，RIM已经成了反复大喊'狼来了'的那个孩子。"

因此，就算公开坦言"这一局，我们暂时落后"是不必要的，保持低调总是可以做到的。焦虑的投资者如果紧追不舍，想要一探究竟，想要定心丸，那就让善于外交辞令的部门去打太极拳。在社交媒体时代，谨言慎行尤其重要。因为任何观点都有反对者，互联网能聚合所有持类似看法的人，所以，一个小小的纰漏，甚至合理合规的操作，都很可能酿成大的声誉减值。

此外，"没有永远的敌人，也没有永远的朋友，只有永远的利益。"在商业世界，竞争和合作，都不是永恒的。过于激烈的挑衅，无益于将来可能的合作。

战略聚焦，而非左右摇摆

经内部赛马发现可靠的战略后，就要敢舍善得，聚焦新战略，加大投入，加快速度，团结一致，形成合力。

纵观 RIM 的反击，对新战略的摸索，完全掌控在极少数人手中。受限于决策者的经验和认知，新战略一直"犹抱琵琶半遮面"，迟迟不肯露面。结果是，第一，似快实慢，似直实迂，不断延误战机，越来越被动；第二，每一次错误都付出不菲代价，不仅浪费了资源，也不断掏空声誉和士气；第三，稀释了决策者的威信，导致战略分歧和路线之争。

因此，决策者找不到真正合意的新战略，也不敢"孤注一掷"，而是陷入了眉毛胡子一把抓的困境，处处都要争，处处都要守，结果是样样争不到，该守守不住，时而东，时而西。例如，RIM 收购 QNX，旨在开发新的操作系统黑莓 10，不仅未配给足够的资源，竟然还让它先开发 PlayBook 的操作系统。

RIM 遵循破坏性创新理论的主张，延续性创新业务由成熟团队正常推进，同时组建、收购新团队开展新业务，其实是对破坏性创新理论的误读误用，

第七章
重新发明型创新：速败头部企业

不可能救 RIM 于水火。重新发明型创新与破坏性创新是截然不同的两种模式。前者产品品质卓越，价格不低，争抢在位企业的客户雷厉风行，而破坏性创新走的是迂回曲折之路，先市场边缘，再回渗主流市场，先低价低端，再逐渐升阶。

重新发明者具有强大的实力和领先优势，攻伐速度极快，而且是联盟作战，一个小规模的攻坚团队无力应对。二元组织适用于成熟业务仍在正常增长的情形，因为破坏性业务一开始并无破坏性，所以，各自独立的新旧业务可以在一定时期内相安无事，甚至还能使成熟业务滋养新业务。但是，在重新发明型创新面前，旧业务在快速萎缩，努力使它苟延残喘，只是陷新业务、新战略于缺衣少食、兵微将寡之中。

果断止损，而非抗争到底

没有一家企业能赶上每一波潮流，碰上每一次风口。所以，如果企业上上下下都知道反转无望了，就应该果断止损，坚决退出，而不是顽抗到底，耗尽资源。

1997 年，苹果公司濒临破产。乔布斯回到了阔别 12 年之久的苹果，并拯救了苹果。其时，他的办法，不像一个产品大家，而像一个砍成本的狂人，一个狡诈的政客。他大刀阔斧地缩减规模，将"15 个台式机型号减少到 1 个，将所有的手提及手持设备的产品型号减少到 1 个，完全剥离打印机及外围设备业务，减少开发工程师的数量，降低软件开发力度，减少经销商的数量，将 6 个全国性的零售商缩减到 1 个，几乎将所有的制造业务转移到海外"，并利用微软反托拉斯案，说服他瞧不上的老对手比尔·盖茨，为苹果注资 1.5 亿美元。一年后，苹果终于续命成功，不再有破产之虞。

创新者策略
破坏与反破坏之道

这番操作，给加州大学洛杉矶分校安德森管理学院战略学教授理查德·鲁梅尔特（Richard Rumelt）留下了深刻印象。但是，鲁梅尔特认为，苹果只是活下来了，没有明确的战略去撼动"wintel"联盟。1998年夏天，他遇到乔布斯，问道："你有什么长远之计吗？制定了什么战略吗？"乔布斯淡然一笑，答道："我在等待下一个大机遇。"

使苹果翻身的，不是它商号里的"计算机"，也不是曾经带给它无限荣光的麦金塔电脑，而是MP3播放器。就属性而言，iPod充其量算计算机的周边产品；客观地说，它的确是一种数字产品，但论科技水平，绝不可能与计算机相提并论。这样一个产品拯救了苹果计算机公司，其实颇为讽刺和滑稽。但是，为什么要被商号里的字词画地为牢呢？为什么RIM非得把自己定位为一家"手机"公司，而不去寻找自己的MP3呢？拉扎里迪斯、巴尔斯利为什么不做程守宗做的事？

其实，答案也很简单，人不是理性的动物。中国有句民谚，"留得青山在，不怕没柴烧"。它流传甚广，恰是因为总是有人前赴后继为某种原因丢掉了青山，没有柴烧。从山峰跌落谷底，很难不被情绪牵着鼻子走，为了面子而不惜付出一切代价。

可是，面子真的重要吗？这一轮输了，没关系，下一波浪潮见，前提是活下去。

第八章
创新看板:全面洞悉企业的竞争态势

区分六种创新，对企业决策者有什么价值？

1997年，英特尔董事长兼CEO安迪·格鲁夫邀请哈佛商学院教授克莱顿·克里斯坦森为高管讲解他的破坏性创新理论，并谈一谈他的研究对英特尔意味着什么。在讲解过程中，格鲁夫数次打断，"请告诉我们，你的研究对英特尔公司意味着什么？怎么才能帮到我们公司？"而克莱顿则一次又一次答道："我做不到。我唯一能做的，就是向诸位解释理论，然后诸位通过这个理论来剖析、审视贵公司的业务战略。"这次讲课给克里斯坦森留下了深刻印象，以至于他后来经常讲，"我没有战略可以告诉你，我只有一套理论；我无法告诉你该怎么做，只能教你怎么想。"

有意思的是，真正重要的，不仅仅是一家公司的高管怎么想，还有员工怎么想。多年以后，克里斯坦森问格鲁夫，自己的理论到底对英特尔产生了什么价值，格鲁夫答道："你的理论模型并没有给出任何答案，但是让整个公司都用同一套语言和思维框架来讨论问题，所以我们达成了一个反常规的共识。"

这段商业上的掌故表明，理论既是无用的，也是有用的，有用也是无用之用。细分创新类型的探索，愿景也在于此。

第八章
创新看板：全面洞悉企业的竞争态势

不存在"一招鲜，吃遍天"的创新策略

成功的创新者似乎有化腐朽为神奇的魔法，所以，他们的言行、做派、思维常受人追捧、效仿。但是，并不存在放诸四海而皆准的"成功方程式"，因为市场情境、机会属性并不同一。在不同情境，创新者的关键任务、挑战，或质有分殊，或轻重缓急有别（如表8-1所示），相适应的观念，所需的能力、资源也各有千秋。

表8-1 六类创新的关键任务

创新	实质	关键任务／挑战
发明型	新的替代品崛起	1.将新发明产品化；2.在市场化过程中发现、修正隐性的关键性缺陷；3.增强适应性，并以跳水式的低价实现异质扩散，代言主导性设计；4.确保正现金流；5.搭建强韧、互补的核心团队
渐进式	不断改善	1.比对手更快、更好、更先进
市场	顾客侧的新组合	1.重新定义顾客；2.与顾客的新沟通；3.新交付模式；4.新商业模式
结构性	开拓非顾客	1.接纳、阐释不正宗、反常识、低等品的正当性；2.改进主流性能
模块化	新核心组件，旧产品	1.性能赶超、补齐短板；2.实现可见的差异化；3.快速优化成本效率；4.打造新的价值网络；5.吸引追随者，形成新阵营
重新发明型	新产品，旧名号	1.否定性对标；2.跳跃性超越；3.联合强大盟友共同创新；4.快速迭代

发明型创新的实质，是一种全新的替代品崛起。新发明与旧产品或旧解决方案的目的、目标一致，但采用新的组件科技，新的物理联结，产品形式迥然不同；虽然提供相同或相似的功能，但性能优势极为显著；虽然整体上

性价比更优,但最初的进入门槛、购置成本较高;所创造的新概念,通常要借助旧事物,或通过譬喻的方式来说明,例如,汽车是"不用马拉的马车",电子计算机是"电子大脑"。它在产品、市场两端的挑战,通常交织在一起,即产品化进程决定了市场的范围,市场的特征又反作用于产品化进程,尤其表现在:第一,产品化须减少对诞生新发明的情境的依赖;第二,及时修正扩散过程中发现的关键性缺陷;第三,增强适应性,扩展用途,并以跳水式的降本增效手段,扩张到规模更大的顾客群,成为产品主导性设计的代言人、引领者;第四,务必保证正现金流;第五,应对前四大挑战的抓手,是组建一个强韧、互补的核心团队。

渐进式创新的主旨是改善:在产品主导性设计框架、边界内,充分挖掘主导性设计的潜能,将产品从60分做到100分。在此阶段,有三类竞逐者:第一,在主导性设计比赛中成功折桂者;第二,转投、服膺主导性设计的其他早期探索者;第三,新入局的后来者。三类企业进行排位赛,按名次瓜分市场份额,排名越靠前,分得越多。比赛拼的是谁能更快提升性能,完善功能结构,优化用户界面,采用更先进但可靠的技术。显然,第一类企业具有领先优势。因此,渐进式创新,是它们的主场,其他企业可采取差异化对策,避免与在位企业直接对抗。如果市场格局是赢家通吃型,后来者直接对抗几无胜算。很多人追捧马斯克提倡的"第一原理"思维,可是,如果把这种思维用到渐进式创新,除了延误机会,不会有太大的好处。

市场创新作为主角,力担增长大任时,产品已基本定型,市场格局也大致确定,渐进式创新的边际效益越来越小。这类创新主要发生在顾客侧的要素,目的有三:第一,争夺竞品、替代品的顾客;第二,开拓新的区域市场;第三,取悦新生代顾客。方法有四种:第一,重新定义顾客,即重新回答"谁是我的顾客"这个问题;第二,更新与顾客的沟通,包括内容出新和起用新媒介;

第八章
创新看板：全面洞悉企业的竞争态势

第三，重新设计交付模式；第四，设计新的商业模式。

结构性创新是成熟期拓展市场边界的有效策略，中心思想是将市场之外的非顾客转变为顾客，但在位企业很少这样做。一方面，它们可以凭借渐进式创新优势大鱼吃小鱼，将其他细分市场纳入自己的势力范围，同时用市场创新实现增长。反观市场边缘的机会，一是毛利低，二是规模存在相当大的不确定性，因此，动力不足。另一方面，此时的边界拓展，比发明型创新时期的开疆拓土要难得多。关键的障碍是，从认知上解除对非顾客人群的歧视。由于无须采用突破性的先进技术，却要对产品的结构做出大的调整，由此打造出的产品，要么是相对于主流产品的"低等品"（破坏性创新），要么是主流市场眼中的"赝品"（蓝海战略），或者违背了行业的基本常识（开辟式创新）。破坏性创新在市场边缘站稳脚跟后，还要转头反攻主流市场，因为它既有突出的新特色，例如体积小、便携、廉价等，又在主流性能上取得了显著的进步，而主流厂商却在性能上过度供给，结果曲高和寡、高处不胜寒。

模块化创新虽然以新的核心组件取代了旧组件，但短期内不会创造出显见的性价比飞跃，因此，必须和旧产品的生产者进行激烈的竞争。创新者必须在五个方面超越市场和守旧者的预期：第一，性能赶超、补齐短板；第二，实现可见的差异化；第三，快速优化成本效率；第四，打造新的价值网络；第五，吸引追随者，形成新阵营。

重新发明型创新从构想开始就野心勃勃，意图取代一款市场广泛接纳的成熟产品。创新者通过否定性对标，以新组件、新结构实现性能跳跃和全面超越，与强大的盟友一起，创造了一个似旧实新的产品概念。因此，重新发明型产品一出生就"风华正茂"，极具吸引力，却套着旧产品的外衣，让原本对旧产品习以为常、相当满意的顾客秒懂它的好，瞬间不淡定，对旧产品的忠诚立即随风飘逝。创新者须赶在成熟企业从"差异化错觉"中幡然醒悟之前，大力推进新产品的渐进式创新，甩开实力强劲对手的反击。

总之，创新者首先要分析、察知机会、情境的性质，再探究适用的创新类型，进而明确关键的任务，列出须直面的挑战，使观念的逻辑自洽、富有价值感、意义感，并匹配相应的能力、资源。因此，既不必奉某位创新达人的思维方式、心法为圭臬，因为简单的拿来主义，保不齐是邯郸学步、东施效颦，也不要不知天高地厚，轻易以集大成者自居，因为这样做很可能落得个四不像的尴尬。例如，不管是软件开发，还是硬件设计，如今都言必称以用户为中心、极致体验等，然而，用户是谁、体验的具体要求、极致的标准，在供需范式的不同阶段，其实存在相当大的差异，不可一概而论、粗暴划一。

创新类型不同，破坏性有别

创新是商业竞争中极富成效的武器；创新者的成功，常常是守旧者的梦魇。不过，不同创新的破坏力存在相当大的差异（如表 8-2 所示），所以，面对创新者的进攻，既不要无动于衷，也不要做惊弓之鸟，而是要看清创新的类型，再见招拆招。

表 8-2 不同创新类型的破坏力

创新	创新者的破坏			被破坏者的反破坏		
	对象	速度	力度	反应	对抗烈度	出路/结果
发明型	替代品	慢	大	欢迎/威胁	小	转型
渐进式	竞品/后来者	快	中/大	快、威胁	中	差异化
市场	在位企业/竞品	快	小	快、威胁	小	更强

144

第八章
创新看板：全面洞悉企业的竞争态势

续表

创新	创新者的破坏			被破坏者的反破坏		
	对象	速度	力度	反应	对抗烈度	出路/结果
结构性	在位企业	慢	大	轻视	小	失败
模块化	旧组件/旧产品	慢	大/中	快/威胁	大	接纳
重新发明型	旧产品/头部企业	快	大	一错再错	大	转型

发明型创新的破坏对象是互为替代品的某种产品或解决方案。由于新发明具有强大的性能优势，所以，替代将是彻底的。但是，新发明产品化有诸多难以攻克的挑战，如修正关键性缺陷，探索市场的需求特征，说服顾客接纳，创造性地降低成本，向异质市场扩散等，因此，取代的速度相对缓慢。被破坏者的反应，有的欢迎，有的视为威胁，不过，总体而言，对抗即使有，也不会有什么显著的成效，所以，出路是尽早转型，或积极拥抱新发明，投身于新的价值网络。

渐进式创新，以行业中的竞品和潜在进入者为破坏目标，又分两个阶段：第一阶段是争夺名次的排位赛，谁的马跑得快，谁圈的地就越广越多；第二阶段是对抗赛，谁实力越强，谁抢来的市场份额越多。由于产品的主导性设计之争已尘埃落定，市场知识也得到了验证，所以，见先后高下的速度较快。参与者对市场中其他玩家的一言一行都及时察知，并快速反应，也都视为潜在的威胁，并彼此模仿、借鉴，进行"你无我有，你有我优，你优我强"式比赛。第一阶段的结果是，领先者的头部优势明显，第一名对第二名的份额差，远胜第二名对第三名的优势。第二阶段，第一阵营间的斗争，一般而言呈拉锯战，你争我夺，你来我往。中等规模的选手很可能被并购，或成为头部企业扩张的手下败将，长尾部的企业可偏安于独特的生态位。不过，对新进入者来说，渐进式创新是较高的壁垒，难以轻易翻越，尤其是赢家通吃型市场，挑战者基本上会无功而返。

创新者策略
破坏与反破坏之道

市场创新，既可以是新进入者的进攻，也可以是在位企业的扩张，主要围绕市场增量展开。与结构性创新多聚焦购买力不足的非顾客不同，市场创新主要是争取不了解、买不到产品，或认为不匹配的潜在顾客，是否有效短期内即可见分晓。市场的潜在增量有大有小。对于较大规模的增量，创新者显然有先发优势。不过，不管是新进入者，还是在位企业，先发优势的长期效应有限。尤其是新势力，仅凭市场创新，很难走远，因此，务必从市场回报中抽取资金，投资于产品技术能力的提升和创新研发。市场创新常常使在位企业变得更强，因为它们可以学习、模仿先行者的做法，不仅巩固既有优势，还赢得更多的顾客。

结构性创新虽然会令在位企业深陷窘境，但创新者却常无此初衷。开辟式创新，无意与在位企业一争高下，蓝海战略实施者厌倦红海中的苦苦挣扎、劳而无功，所以"出海"寻找免于竞争、有利可图的潜在市场，即便是破坏性创新，也未必一开始就规划好了从"边缘包围中心"。认识到非顾客人群的需求特征，突破既有产品结构的束缚，创造性地降低价格，说服非顾客，一桩桩任务，都不容易，因此，结构性创新的扩散过程相对缓慢。不过，一旦创新者取得成功，在位企业就会陷入三种尴尬：第一，在合作中处于被动；第二，失去影响力，从小众市场中的知名品牌变成大市场中的小众品牌；第三，从大名鼎鼎的大品牌，变成鲜为人知的专业品牌，甚至被淘汰出局。面对结构性创新，在位企业最初既不看好，也看不起，之后或作为追随者，或继续无动于衷，所以，反击、对抗总体而言并不激烈。

模块化创新，破坏者与反破坏者之间的对抗充满了硝烟。不过，创新者创造性价比优势需要一个过程，市场接受也是渐进的，所以，替代不会迅速发生。在位企业会第一时间发现模块化创新产品，反应分两种：一种是开明的稳健派，快速跟进，既为将来的战略变革尽早埋下伏笔，也作为一种风险

第八章
创新看板：全面洞悉企业的竞争态势

分散策略；一种是极端的保守派，知道但绝不接受，反应严重滞后，只有到新势力使其销量跳水，才会真正觉悟。虽然新势力中不乏耀眼的新星，但第一阵营的在位企业，很少会遭遇颠覆性的失败，如被逐出市场甚至破产，因为它们会逐渐转型，顺应潮流。

破坏力最强，非重新发明型创新莫属。它常颠覆在位的头部企业，致其高台跳水，还摧枯拉朽，速度奇快，是名副其实的闪电战进攻者。一方面，重新发明型创新产品具有强大且全面的优势，率先契合了10倍速变化。另一方面，在位的头部企业时常错判错为，从差异化错觉，到盲目出击；从战略迷失，到倔强到底，可谓一错再错，一步错，步步错。倒是原先的二流企业，没有头部企业那么多的顾忌，可以迅速调转船头，成为新的主导性设计、新范式的一员，为创新发起者打击头部企业浇油添火，并从中牟利，甚至还能跻身一流。头部企业的最佳选择，也许是尽早止损，保存实力，等待下一次机会。

反破坏策略切忌张冠李戴

面对创造性破坏，被破坏的对象该如何接招？有两点基本原则：一是不奢望有包治百病的灵丹妙药；二是不要张冠李戴，而要对症下药，不同的创新类型，应匹配不同的策略。此外，在现实中，存在不少非市场化的竞争手段，例如，游说政策制定者、执法者阻挠创新，互派商业间谍等。这些手段有时候颇为有效，但不属于"创造性"破坏。

新发明具有性能上的绝对优势，所以，被取而代之者很难与之对抗。他

创新者策略
破坏与反破坏之道

们当然应该捍卫自己的利益，保卫自己的饭碗，但捣毁机器式卢德运动，封杀式阻挠，从长期看，无异于掩耳盗铃，并最终会深受其害。合意的对策是，尽早转型，或为新产品构建新的价值网络做出贡献。

在位企业通过渐进式创新强化先发优势，略逊一筹者或新入局者，应当避免硬碰硬，瞄准在位企业不够重视的细分客群，或尚未占优的区域市场，通过差异化赢得生存空间。在特定市场中，紧盯着领先企业，快速学习，改进产品，提升服务，让顾客满意，构筑壁垒，并逐渐向周边渗透，累积市场份额，为将来的正面对抗做好准备。

不管市场创新是由谁发起的，是新进入者，还是在位企业，其他企业最有效的对策是学习、超越，而非无动于衷或简单地针锋相对。例如，王老吉说"我能预防上火"，另一款凉茶非呛声"我才能预防上火"，既浪费沟通的资源，又浪费沟通的机会，还徒增顾客的厌烦。保持敏锐，透过现象洞察新的消费决策背后的购买逻辑，买点的演变，该模仿就模仿，该玩创意就玩创意。

结构性创新产品常常先在成熟企业内部研发出来，因此，关键在于清除商品化的障碍。第一重障碍，体现渐进式创新意志的科层体制，使议题设置、知识库、激励机制、沟通方式等，都向改良倾斜，因此，这些新构想很可能在研发人员的主管层面就被否决了；第二重障碍，决策者的观念误区和"创新近视症"，瞧不上低毛利、低技术、不正宗的产品，反对违背产业常识，不愿投资短期内无法满足增长要求的项目；第三重障碍，市场营销上的守旧，不愿意拓展低购买力的非顾客，对说服这类顾客缺乏耐心；第四重障碍，传统业务打压或试图过早整合新业务。面对这四重障碍，不是要对科层体制做出大的调整，也不是努力谏诤决策者更新观念，施压传统的市场人员，或禁止成熟业务出手，而是要让结构性创新项目具有自生能力，即让支持、看好它的成员自组织起来，畅通内外部融资通道，同时在地理位置上将其与传统

第八章
创新看板：全面洞悉企业的竞争态势

业务分隔开，在内部建立起创业公司式的治理机制。虽然公司大概率是新项目的大股东、天使投资人，但其出资代理人（通常为高管）不是以管理者角色对项目的日常业务指手画脚，而是作为董事会成员影响其战略。这就是基于自组织的二元组织。在破坏性创新情境，新业务和旧业务迟早会相互搏杀，企业高层当确保竞争是公平、良性的，是创造性的，而不是恶性的、充满组织政治的。毕竟，与其被外部对手驱离市场，不如让自己人动手。

面对模块化创新，在位企业要从分散风险开始，尽早尽快与创新者建立起关联，紧跟创新者积累新组件的技术能力，并开发试水型产品；即使判断新产品将来成不了气候，也要做好有可能大展宏图的准备。当创新者一步步证明技术上可行、市场认可、增长有后劲、配套有动力、跟随者蠢蠢欲动，成熟企业也要渐次抛弃成见，成立独立的部门或企业，以追随者、共舞者、赶超者的角色，以新思维、新技术、新设计、新价值网络，打造全新的产品，改造旧产品，既利用新模块的价值，又保留自己的鲜明特色，确保转型稳健推进，力避大起大落。

重新发明型创新的目标，常常是正迈向巅峰状态、业内数一数二的大企业。规模大、市场领先，既是优势，也是劣势。所谓优势，只要在其制定的游戏规则之中，任何挑战都易望风而溃；而劣势是指，一旦创新者改变了游戏规则，大象就不易转身。创新者有备而来，产品全面改进，性能跃升，可轻易说服顾客改弦更张，对在位者来说，是一场生死级的硬仗。因此，第一，避免视为差异化竞品，不能把来的老虎当成"大猫"，要全面分析10倍速变化带来的挑战，研讨相应的对策；第二，跨界寻找技术合作伙伴，助自己一臂之力，尽快开发出具有竞争力的产品，避免过早与销售渠道网络等结盟；第三，不要轻易出手，务必一击而中，慢就是快；第四，坚持战略定力，不要三心二意，分散精力和资源，敢舍才能善得，少即是多；第五，如是仍然不敌，就须守住活下去的底线，尽早转型，寻找 10 倍速变化带来的其他新机遇，而不是顽抗到底，耗尽最后一枪一弹。

张冠李戴只会事倍功半，甚至加速溃败。RIM 迎战 iPhone 及其追随者，所用的，乃是反击结构性创新的二元组织策略，结果是资源能力分散，内部离心离德。另一个例子是凯马特兵败沃尔玛。两者同时在 1962 年起步，都是折扣零售的先行者。凯马特在大中城市经营，沃尔玛在小城镇谋生。折扣零售最初的原则：一是直接向厂家采购，二是凭借规模效应压低成本和价格，三是丰富的品种，顾客不必转场，就可买齐所需。自 20 世纪 70 年代中后期开始，沃尔玛积极应用信息技术，提升物流效率和运营柔性，大幅降低管理成本，重新发明了折扣零售。凯马特在做什么？大力扩展品类，进入到家装、体育用品、办公文具、图书等，并在全球扩张，换言之，实施渐进式创新。20 世纪 80 年代后期，两家公司开始正面对抗，凯马特迅速失去优势。1990 年，沃尔玛超过凯马特，成为行业领头羊。2002 年，凯马特寻求破产保护。

用创新看板管理好企业的创新战略

创新是一种"谁掌握，谁领先"的竞争利器。企业的创新投入，关乎企业的竞争力和未来；而企业外部的创新项目，则构成了企业的风险和威胁。因此，每一家有研发能力的企业，必须首先看清企业面临的潜在风险和竞争态势，再精心规划创新资源的投入。

区分创新的类型，画一幅"创新看板"（如表 8-3 所示），或有益于此。

第八章
创新看板：全面洞悉企业的竞争态势

表8-3 创新看板

创新	研发投入／研发成果			竞争雷达（外部创新项目）		
	业务1	业务2	……	业务1	业务2	……
发明型						
渐进式						
市场						
结构性						
模块化						
重新发明型						

第一，提前看见企业的战略对手。 稍有规模的企业，都有自己的竞争雷达系统，以及时掌握业界动态。依据破坏性，对外部不断涌现的各种创新项目、产品归类，筛选出重大、紧迫的威胁，尽早看见战略对手，是企业决策者的基本任务。例如，创新看板的渐进式创新一栏群星闪烁，不如重新发明型创新一个独角兽；今日不起眼的结构性创新，将来很可能是自己的劲敌克星；市场创新闹得欢，只要及时跟上就无大碍；模块化创新貌似咄咄逼人，只要不是顽固的老古董，大可从容应对。

第二，摸清企业研发的家底。 资源都投到哪些类型的创新了？成果又如何分布？为什么有的类型空空如也？如果资源和成果过度集中，比如，90%的资源都集中在渐进式创新，是好，还是不好？对此，决策者心里得有数。

第三，对企业的创新战略查漏补缺。 既看见了对手，又看清了自己，这叫"知己知彼"，但看见、看清不是目的，目的是"百战不殆"。不殆，先要考虑不可胜，再想如何赢的问题。不可胜，先要了解自己的战略漏洞，然后花大力气堵住这些漏洞，补齐短板，否则，看似欣欣向荣，形势大好，一旦真正的战略对手光降，瞬间就有颠覆之患。例如，假如某家企业的创新资源与成果集中在新发明、渐进式创新、市场创新，但外部对手却不乏结构性创新甚至重新发明型创新，那么，这家企业其实非常脆弱。

第四，有效管理计划外的研发成果。研发人员不免要捣鼓一些任务之外的项目，有的企业允许甚至鼓励员工花时间琢磨自己喜欢的项目。此外，计划内的项目也可能产生意想不到的成果，青霉素的发现就是一个例子。对于这些计划外的研发成果，该如何管理？创新看板提供了一种有效的沟通机制，一门共同的交流语言。

斯蒂夫·沃兹尼亚克曾将自己设计的 Apple I 图纸送给他的主管看。主管认为，该产品不适合惠普生产，这才有了苹果公司的故事。试想，假如沃兹尼亚克和主管以结构性创新来沟通 Apple I 就会发现，不适合惠普生产，恰恰证明了它不是小型计算机的微缩版，而是一种新事物。

同样地，斯蒂夫·萨森几次向柯达管理层展示数码相机原型，后者的答复是，这款相机没有市场，不许公开谈论它，或向柯达以外的人展示。实际上，他们是担心数码相机会侵蚀胶卷这棵摇钱树。殊不知，这样的产品之所以诞生，是因为技术条件已日渐成熟；不仅柯达的研发人员能发明它，其他人也能，只是时间稍晚而已。假如萨森以发明型创新来解释它，直言不讳地指出，数码化的影像捕获、展示将完全取代胶片业务；封杀、搁置萨森的机器，不仅不会使胶卷业务变得更安全，反而会更危险，因为其他企业迟早要独立发明它，并投放市场，既然如此，柯达为什么不尽早将其商品化，成为数码相机主导性设计的代言人、数码时代的领头羊呢？发明型创新，不能仅靠研发人员关起门来修缮新发明，而是需要在市场化过程中发现潜隐的关键性缺陷，再修正、完善，才能真正抵达主导性设计。如果柯达这样做了，成为数码化的引领者，再与计算机、互联网行业连接起来，那必是一段佳话。可惜，这样的故事并没有发生，2000 年，距萨森发明数码相机 25 年后，市场对彩色胶卷的需求达到巅峰，此后便以年均 30% 的速度萎缩。2012 年，柯达申请破产保护，现在

第八章
创新看板：全面洞悉企业的竞争态势

转型为"一家小而美的印刷公司"。

第五，还原了创新的全貌。首先，将创新分为六种类型，强调它们足以独当一面，但绝不是说，它们是彼此孤立、不可兼得的。例如，不管是发明型创新，还是结构性创新、模块化、重新发明型，都离不开渐进式创新的加持。再比如，模块化创新和渐进式创新常常并驾齐驱，模块化创新和发明型创新也可相互增强。以电动车为例，它其实并不是单纯的模块化创新，一旦自动驾驶模块取得突破性进步，就会为驾驶者的体验带来质的飞跃。其次，某种产品的价值网络时常全面开花，因此，供需范式的演化较为复杂，也更富想象空间。创新看板既可以有效地描述这种复杂性，也可以化繁为简，发现某个产品在某个时点中的主导类型。最后，不同类型的创新还可以相互转化。例如，模块化创新相互叠加，最终重新发明了某种旧产品。

每一家规模企业，都应当制作一张创新看板，并把它悬挂在研发中心的显眼处，既让相关人员看见其中的问题，也发现其中的机遇；既看清公司战略的逻辑，也思索公司的未来；既为公司的优势和顾客的认可感到自豪，又敏锐地感受到背后的风险与隐忧。研发中心应不时或定期邀请决策者和营销部门的同仁一起探讨最新的成果如何商品化。唯如此，企业才更具活力，增长方具韧性，基业才能长青。

第九章
组织变革：分享创新红利，激活内部创新

创新史中不乏遗憾。除了柯达，施乐是另一个让人扼腕长叹的案例。1970年，施乐在硅谷设立了帕洛阿托研究中心。该中心"既有大学般的学术自由，又有大公司的财力支持"，因此吸引了杰出的人才加盟，成果卓著，"发明了个人电脑、图形用户界面（GUI）、激光打印机、以太网技术"。尽管"施乐本可以成为整个计算机产业，成为20世纪80年代的IBM，成为20世纪90年代的微软"，但施乐的决策者压根不知道计算机能做什么，所以，除了将激光打印机商用化之外，其他新发明都未能真正派上用场。

个中原因，不仅仅是决策者的定见和战略近视，也与企业制度密切相关。帕洛阿托研发中心，定位为施乐的前沿研究机构，而非商用产品开发部门，所以，"它常常以纯粹的研发中心模式行事，科学家通常远离客户培训、销售或内部创业精神的培训"。诚然，以应用为目标，与前沿机构是两回事，但这不等于说，前沿机构的成果就该乖乖躺在学术论文里，静看时光荏苒。

因此，仅有创新看板，并不足够，还需要合意的机制、制度，将创新看板呈现的问题、意外的惊喜、挑战、机会变成有组织的行动，变成市场的绩效。这个机制，就是内部创业制。如果说创新看板是为了规避决策者的无知之过、鼠目寸光，那么，内部创业机制就是为了克服知行脱节。

第九章
组织变革：分享创新红利，激活内部创新

战略转型不是易事

有一种观点认为，当重大创新在外部发生时，企业可通过战略转型因应变局。这种看法严重低估了战略转型的难度。战略转型的实质，是从当下的增长引擎转换到另一条更高更远的增长曲线，中心是业务创新，常牵涉组织架构、利益格局、文化观念的调整，可谓牵一发而动全身，实非易事。

加拿大麦吉尔大学的丹尼·米勒（Danny Miller）和彼得·弗里森（Peter Friesen）研究发现，"真正新颖的战略，一般会藏身于组织的某个角落，耐心地等到战略革命爆发的那一天。这时，组织不必从零开始建立一套新战略，也不必从竞争者那里引入可以通用的战略，而是从它自己逐步形成的模式中寻找新方向。"

管理哲学家查尔斯·汉迪所见略同，并进一步强调，不仅要早播下新战略的种子，还要促其不断成长，"第二曲线必须在第一曲线到达巅峰之前就开始增长，只有这样才能有足够的资源（金钱、时间和精力）承受在第二曲线投入期最初的下降，如果在第一曲线到达巅峰并已经掉头向下后才开始第二曲线，那无论是在纸上，还是在现实中，就都行不通了。"

20世纪80年代初，日本存储器厂商因为高质、低价开始在竞争中占上风。1984年中期，衰退来临，英特尔颓势尽显。内部为如何应对争吵不休，却始终未得要领，所以也没取得什么共识。一年之中，英特尔"迷失了方向，在死亡的幽谷中徘徊"。在英特尔的客户看来，断舍离已不可逆转，可当局者仍然迷惑了一年有余。直到1985年的一天，两位最高决策者才终于下定决心放弃存储器业务。

幸运的是，英特尔有微处理器业务这个接棒者。1981年，IBM公司进入微型计算机市场，使微处理器的需求猛增。IBM和其他计算机厂商恳请英特尔提升产能，以满足计算机市场的蓬勃需求。即便如此，英特尔的转型仍然充满了人们常说的"阵痛"。一方面，选定微处理器作为新的主角，经历了一段时间；另一方面，要剥离存储器这个身份，并不是想断就能断的。直到1986年中，英特尔才开始退出存储器业务；1987年，才开始回收效益。换言之，从陷入困顿到找到出路，前前后后耗费了三年时间。三年中，英特尔裁掉了成千上万的人，关停了不少工厂。

英特尔的这一次转型其实是难度最低的，因为新战略不仅早已"出生"，且已经长成，堪当大任。柯达在21世纪初的转型要难得多，因为当它需要新战略时，新战略还压根儿不存在。胶卷的制作成本仅40～50美分，却能卖出4美元，因此，尽管率先发明了数码相机，柯达决策层却极力拖延数码相机的商用化，只是在影像科学领域积累了大量的技术。缓慢的产品化进程，使柯达在数码相机潮流中仅充当追随者的角色，在价值网络中的地位远离中心，"柯达不生产镜头，也不生产快门，也没有传感器，所以不可能成为一家成功的数码相机公司，顶多生产跟别人相似的产品而已。"因此，即使柯达的数码相机很畅销，也贡献不了胶卷那么高的毛利。

对柯达实施致命打击的，并不是其他数码相机，而是带数码相机功能的手机。2000年9月，夏普发布了第一台相机手机，其他厂商纷纷效仿。这种手机，使照片无须冲洗，就可查看、回顾、分享，对胶卷冲洗照片这一活动可谓釜底抽薪。因此，胶卷需求在2000年后陡降，给柯达带来了非常大的压力，因为它没有备选的第二曲线。为了止跌，柯达于2001年收购了照片共享网站Ofoto，以吸引人们冲洗更多的数码照片，而不是将其打造成一个全新的业务，

第九章
组织变革：分享创新红利，激活内部创新

就像后来的脸谱网、Instagram 干的那样。同时，它还设立了一个独立的产品部门，开发了价格低廉、像素低、操作简单的 EasyShare，一度在美国相机市场上占到三分之一的份额。显然，这些办法都堵不上收入、利润突减的窟窿。

2003 年 4 月，安东尼奥·佩雷斯（Antonio Perez）加入柯达，出任首席运营官。从同年 4 月到 8 月，佩雷斯带领团队审视柯达的核心竞争力，谋划转型方案，提交董事会。从同年 8 月到 2004 年 2 月，董事会多次开会，反复探讨方案的可行性，最终确定立足于材料科学、数码影像科学和沉淀方法这三门学科的交叉专业优势，从 B2C 转向 B2B 模式，深耕商业印刷、传统数码出版、传统数码包装、功能性印刷等领域。

2005 年，佩雷斯出任 CEO。在佩雷斯主导下，柯达重组胶卷业务，削减了非主营业务，出售了医疗、个人影像等业务，例如，EasyShare 就被出售给伟创力（Flextronics），共裁掉了五万多人。其中，重组胶卷业务最为困难，柯达付出了昂贵的代价，到 2007 年才最终完成。剩下的专业胶卷业务，仅占总营收的 5%。此外，高额的养老金债务问题一直困扰着柯达。2012 年，柯达不得不寻求破产保护。

为什么 Ofoto 没有成长为脸谱网一样的超级产品？原因其实很简单，"胶卷业务下滑速度很快，以至于柯达没有足够的资金用于重组胶卷业务和建立新业务。"柯达的遭遇，清晰地表明，如果没有提前播下第二曲线的种子，转型会是何等艰难。假如英特尔没有微处理器这个候选引擎，也得从零开始建立一套新战略，它的痛苦指数只会比柯达有过之而无不及。

总之，企业想要基业长青，就得不断地成功转型；要成功转型，就必须尽早种下新战略的种子，并允许它们在某个角落里生存、发展，才能提高成功率。由于渐进式创新是对既有业务的增强，因此，新增长曲线的希望主要着落在非渐进式创新上。于是，问题就转变为，企业该如何激发非渐进式创新，

然而，大企业很少持续推出重大创新。那么，是什么阻碍了大企业的非渐进式创新？人们苦苦求索，从决策者个人的认知局限、过度自信，到组织的绩效主义、渐进式创新体制，答案应有尽有。其中，科层制，这种有如常识般的组织原则，正受到越来越严厉的审视与批判。

科层制是效率的蒸汽机

近年来，知名的战略管理学者加里·哈默尔，成为抨击科层制的急先锋："没几个人喜欢科层制度……科层制削弱组织积极性，压制冒险精神，扼杀创造力。科层制是阻碍人类取得成就的枷锁……科层制绝非必然趋势。这个词语产生至今，大约过了两个世纪，许多事情已经改变了。现在的员工具备专业技能，不是文盲；现在的竞争优势来自创新，而非规模；现在的通信可以实现即时交流，不必苦苦等待；现在的变化已经不是冰川融化的速度，而是超音速级别。"

科层制当然不完美，有其不足和边界。然而，因为不完美就彻底否定它，实在是失之偏颇、矫枉过正。事实上，科层制有独特的优势——高效，而高效具有强大的市场生命力和竞争力。如果不是效率原则渗透到各行各业，今天的普通人买不起汽车、计算机、手机、洗衣机、电冰箱，只能艳羡富人们享受科技的爆发力。

为什么科层制能带来高效呢？这需要回答两个问题：第一个问题，企业的性质是什么？众所周知，罗纳德·科斯是这一议题的先驱。他开创性地指出，利用价格机制是有成本的，包括发现相对价格的成本，以及为每一笔交

第九章
组织变革：分享创新红利，激活内部创新

易进行谈判、缔约的费用，包括签约前发现"隐藏信息"付出的努力，以及为克服签约后的"道德风险"（即违约）所付出的监督成本等。企业的出现，大大减少了这些成本。

第二个问题，在节省交易成本这个任务上，为什么权力（power）的其他组织模式不如科层制高效？权力与支配现象既古老，又现代，还将来；不仅在人类等灵长类动物中广泛存在，也见于鱼类等非灵长类动物，"包括人在内的所有群居或成群迁移的动物中，都会出现对支配权的争夺。"那么，谁拥有权力？凭什么他说了算，而其他人只能乖乖就范，顺从掌权者的命令？

社会学家马克斯·韦伯的系统研究表明，建立在强制或暴力基础上的权力不可长葆，具备正当性、合法性（legitimacy）的权力才可称为"权威"（authority）。而依据不同的合法性基础，权威有三种"理想类型"（ideal type）：

传统：习俗、传统所赋予的权力，如族长制、家法家规、嫡长子继承制等。

魅力：因具有超凡禀赋、魅力而受追随者认同和拥戴。

法理：根据人们普遍接受的公正程序、法理面前人人平等的基本原则来组织和行使权力。

不同类型有不同的支配方式。所谓支配方式，是指实施控制的形式，也即使支配者的意志、命令得到认可、顺从的机制。传统、魅力、法理权威分别对应家长（产）制、魅力制和官僚制（科层制）。

家长制中的首领通过弘扬传统礼节、仪式来强化人们对传统权威的认同。例如，在某些地区，拜年的仪式即延续了辈分这种传统权力。

魅力制中的领袖，必须不断创造"奇迹"来彰显其超凡魅力，并确保追随者认可和服从是关键，宗教领袖就属此类。

官僚制的合法性，是以规章制度和程序为依据，形成等级分明的正式结构，上下级间以文件传递指令和反馈，行为受正式规章制度和程序的约束。例如，

创新者策略
破坏与反破坏之道

下级服从上级，不是因为上级与老板沾亲带故，也不是因为上级极具魅力，而是因为这是游戏的规则。因此，如果有一天上下级的地位互换，原来的上级也要对曾经的下属唯命是从。

简言之，在科层制中，权力来自规矩、程序，而非个人。不难想见，相较于魅力制，科层制要稳定得多；相对于家长制，科层制适用的范围要广得多，远远超越了血缘关系带来的人伦义务。因此，科层制适应了市场经济的需求，成为现代企业的基本组织方式。

那么，科层制具体又是如何实现高效的？一方面，分工有魔力，正如亚当·斯密在《国富论》中指出的，"劳动生产力上最大的增进，以及运用劳动时所表现的更大的熟练、技巧和判断力，似乎都是分工的结果"；另一方面，协同有效能。由于人人在法理面前是平等的，科层制甚少考虑血缘关系带来的偏私，而是以资源的产出最大化或成本最小化为基本考量。

本质上，权力关系也是一种合约关系。这种合约关系之所以高效，是因为：第一，它是以企业产品已获市场验证为前提；第二，它设定了一种结构化的契约，在一定时期内，资源所有者放弃对资源的支配权，但获得相对确定性的补偿，如股息、利息、薪酬、分红机制等。比起一例一谈式交易，它的交易成本要低得多；第三，打造品牌、管理客户关系等方式，减少顾客和企业间的交易成本；第四，用相对稳定的流程、规则、监督，既让信息的搜集更专业、更具规模效应，克服劣币驱逐良币的"逆向选择"，又抑制签约后的违约行为。

因此，科层制可谓效率的蒸汽机。事实上，哈默尔对科层制的价值也是心知肚明，"科层制的确有一定的作用。科层制可以明确职权，划分部门职能，分配标准化任务，在规模较大的组织中提升效率。而且，科层制在各行业、各种文化及政治体系中大同小异，令人感到熟悉安心"。

第九章
组织变革：分享创新红利，激活内部创新

大企业的创新失灵

效率原则有一个前提，即产品是市场需要和认可的。这个前提不满足，效率越高，坏处越大。那么，谁来发现顾客的需要、创造性地提升效率呢？答案是创新者。

科层制并非与创新完全不兼容。研究表明，运转良好的科层制，擅长渐进式创新，因为市场知识得到了验证，产品主导性设计业已基本确定。然而，如果创新具有高度不确定性，科层制不仅爱莫能助，甚至还可能会站到创新者的对立面去，"削弱组织积极性，压制冒险精神，扼杀创造力"。所以，大企业在面对非渐进式创新时经常失灵。

将重大的新发明束之高阁

因为有丰裕的资源吸引优秀的人才，所以，大企业内部总会涌现出不少新发明。这些新发明，可分为三类。

第一类，增益型。新发明可修正产品的关键缺陷，或加入渐进式创新框架，使产品的主导性设计更完备，更富竞争力。例如，电子启动器、消音器的发明，就消除了内燃机引擎的缺陷，使内燃机打败了电力驱动。不难想见，企业上下必定是盼星星、盼月亮般企盼、接纳这类新发明。

第二类，破坏型。将新发明产品化、商品化后，会威胁、侵蚀现有业务的收入和利润。决策者需要权衡，新发明能以多快的速度成为新的增长引擎：如果很快，大力支持；如果并非如此，就会得不偿失，既要投入资源，还要切走利润，似乎主营业务是个"冤大头"。所以，企业的决策常常是，不急于产品化、商用化。这正是柯达决策者的逻辑。他们并非不明白数码相机是趋势、是未来，而是认定它的崛起为时尚早，可以再缓一缓。

第三类，无关型。既帮不上现有业务，也不至于破坏它。当然，内部还是会有反对之声，因为会分散决策者的注意力，也需要投入资源、能力。

第二类、第三类两类新发明，倘若由独立的创业者操盘，那就是标准的发明型创新。但是，诞生在一家颇有规模、建制完整的企业，新发明就得走一条非标准化之路：第一，负责调配资源、能力的人必须考虑、权衡企业既有业务的要求，要尽可能确保主营业务保持增长势头，不会被竞品偷袭；第二，它获得资金、资源的方式，是请求上级审批、调拨，是权力式契约在起作用，普通创业者与资本方的谈判、博弈更平等，更偏向一事一议式契约。

非标准化的发明型创新，英特尔对待微处理器的方式提供了示范。虽然在探索微处理器的用途时，走过弯路，付出过不菲的代价，不乏强烈异议，但英特尔没有轻易中止微处理器业务，而是允许其不断改进性能，并继续探索用途。其中，有两个动作值得借鉴。

与一些杰出的外部人士合作。美国海军研究生学院的讲师加里·基尔代尔（Gary Kildall）就是其中之一。他承诺为英特尔开发一门微型计算机编程语言（PL/M），后来演化为微型计算机控制程序（CP/M），取得了商业上的成功。倘若不是 20 世纪 80 年代初，在 IBM 选择合作伙伴时，阴差阳错败给了微软公司，基尔代尔会更成功。

在内部汇聚了一些坚定的支持者。他们坚信，微处理器的出路在半导体行业，决定一站到底。例如，工程师亚当·奥斯本，后来开发了第一台便携式电脑；迈克·马库拉，时为销售经理，后成为苹果公司的董事长。

最终，微处理器等来了微型计算机产业的萌发与兴起。当然，英特尔的幸运，一个重要的原因是，它当时还不是一家大企业，还不够正规。第一，时任 CEO 罗伯特·诺伊斯，是一位杰出的技术专家，也是英特尔公司的领袖

第九章
组织变革：分享创新红利，激活内部创新

式人物；作为集成电路的发明者，他深知微处理器不是等闲之辈。因此，尽管他的主张——微处理器的最大用途是手表——是完全错误的，也使公司蒙受了不小的代价，但他顶住内部压力，为英特尔保留了未来的星星之火。第二，英特尔当时的主营业务存储器正快速扩张，足以支付探索的代价。第三，它没有像传统的科层制企业一样，出于保护商业机密的需要，拒绝与外部人士合作。第四，允许内部支持者投身于此，在机制上较为灵活。这些安排，使微处理器能够以最小的成本活下去，甚至养活自己。

与之相反，一家正规的大公司，会从投入产出逻辑和效率原则出发，滑向两个极端：

第一个极端：因为无知、缺乏耐心而不予支持。如果新项目需要大量投入，短期内又无法获得显见的回报，找不到足够多愿意为此买单的客户，运营成本过高得不偿失，那么，决策者中止或暂停项目就合情合理。

第二个极端：因为盲目自信、缺乏耐心而过度支持，最终讳莫如深。决策者对新发明的市场前景过于乐观，期许甚高，大力支持。但是，揠苗助长的项目常常折戟沉沙，随后公司堕入另一个极端，不再给予任何支持。21世纪初，英特尔在进军移动芯片业务时就遭遇了这个魔咒：因为实力雄厚，所以在短短六年间投入了数十亿美元，但市场反响平平，亏损严重。为了"止血"，并迎战传统业务老对手AMD的凌厉攻势，时任CEO保罗·欧德宁（Paul Otellini）于2006年将其售出，"完美"错过了移动互联网的"黄金进入期"。

新结构产品难解增长焦虑

产品主导性设计进入成熟期后，市场边界以外的非顾客人群，事实上被企业忽略掉、舍弃掉。服务这些人群，虽然在技术上没有难度，但毛利低、

预期规模晦暗不明、增速未知，而且性能指标偏低，使工程技术人员缺乏成就感。相形之下，科层制和渐进式创新的高度契合，努力、创意获得回报的概率要高得多。相形之下，如何决断，已是一目了然。

因此，结构性创新在成熟企业的旅程通常是这样的：

第一步，一些工程师用基本上现成但规格有别（通常较小）的组件，研制出新的结构性创新产品蓝图或样机。

第二步，主管评估，看它是否符合公司业务战略、研发战略，技术上是否可行、成本核算是否合理、是否适合在企业生产制造等。很多项目在这一步即被否决。

第三步，主管将筛选后的项目上呈决策者。高层讨论是否能满足公司对增长的渴望，是否代表了发展趋势，爆发的节点还有多远，评估前期投入需要多少……保守的决策者依据上述逻辑否决，开明的领导者则要求市场营销部门调研市场前景。由于毛利较低的新品，市场人员的兴趣通常不大。

第四步，营销人员邀请主流顾客，或跑到顾客经常出现的场所，去调查顾客对一款性能差不少、价格低得多产品的态度。例如，古典乐经营机构的营销人员，询问主流消费者，是否接受没有大牌明星演奏、曲目简单还不完整演奏，在体育场或城市广场而非剧院演出，并增添了一些杂技、大众流行乐的古典乐？顾客很可能会感到错愕甚至震惊，想出这个主意的人简直是在亵渎古典乐，必定是个不懂古典乐的外行，贵机构竟然这样不着调？再比如，营销人员询问购买真空管收音机的客户，是否增购一台音质不佳但可随身携带的收音机。这些家里的"掌权派"可能会问，我买这样一台收音机来做什么呢？我的房子这么大，收音机根本不占空间啊！再说，我喜欢与家人一起听广播；如果小孩子自作主张随便听什么节目，那还了得？

第五步，市场人员向决策者报告，顾客不需要低等品，排斥不正宗的事物，

第九章
组织变革：分享创新红利，激活内部创新

对反常的做法感到不安。决策者再问，研发部门还有何话说？研发部门的工程师只能再重复一遍自己的新观念、新价值观，再提一些可能的用途。市场部门则凭借调研数据驳斥研发人员的一厢情愿。

批评者会说，这样的市场研究不合格，但专业的职能部门或机构无法调研、分析尚不存在的市场。此时此刻，只有创新者才能"看见"将来的市场，或心怀惠及更多客群的愿望。遗憾的是，在叠床架屋的科层制下，具有如此特质的人员，决策者通常看不到，或认为他们不务正业。即使决策者极为包容，一旦景气或业绩上下波动，这些项目就会被叫停。

20世纪60年代末期，第一家，也是最大的小型计算机企业DEC，开设了一条教学产品线，首次"以潜在用户群而非硬件为导向"。这个部门时不时会收到医生、工程师或其他专业人士的问询，能不能制造一台可帮他们管理自己工作的计算机？然而，1973年的经济萧条，使DEC削减了对这条产品线的投入。此后，虽然一些研发人员仍执着于研发一款当时最小的计算机，但DEC决策者不想满足这类需求。与此同时，发烧友们研制的微型计算机就快成功了。

故事并未到此结束。工程师很可能离开公司，带着新产品的构思下海创业，在市场边缘存活下来并实现不错的增长，使效仿者云集。甚至当其中一些结构性创新者翻起大浪之后，大企业可能还在纠结，要不要介入新浪潮。这充分展现了大企业对结构性创新的纠结。1980年，苹果公司已成计算机行业的耀眼之星，发展了四五年的微型计算机市场，前景已然清晰，但IBM仍举棋不定，一个重要的原因是，它是一家"国际商用机器"（international business machine）公司，而微型计算机似乎没有什么商用价值，更像是发烧友们的玩具，让一家商用机器公司去生产玩具，颇有些不伦不类。所以，虽然IBM为微型计算机立了项，也在规范地高效推进，但"直到最后一刻，IBM还在认真讨

论是否要撤销这个项目",这让当时的比尔·盖茨忧心忡忡,备受折磨。

主动"换芯"的巨额成本

由于核心组件是顾客买点、产品利润的重要担当,因此,产品厂商通常要掌控至少一种核心组件,否则,就会被核心组件厂商"卡脖子",结果是,忙活了半天,不过是杯水车薪的回报。因此,大企业实施模块化创新,会在商业逻辑上难以自洽。

首先,不菲的投入。模块化创新,不像结构性创新,利用现成的组件就可以完成产品设计,不投入一大笔钱、一大批优秀人才是办不到的。因此,大企业为换芯做准备,首先要有足够的实力,以及强烈、持久的支付意愿。一心二用,产业内的老对手可是求之不得。

其次,内部的敌意。新的核心组件崛起,意味着:第一,旧组件所取得的重要专利可能变废纸;第二,以旧组件为中心的价值网络,要推倒重来;第三,掌握着诸多技能的员工,不仅过往的荣耀、认同一笔勾销,甚至有失业归家、另寻出路的巨大风险。

最后,市场的疑虑。新产品与旧产品相比,并不具有显著的性价比优势,还有种种疑虑待解。以电动车为例,有人会说,电动车每100公里的电费与同级别燃油车的油耗相比,有霄壤之别。的确,一些城市的网约车基本都是电车,但其他用车情境就大不一样了,汽车消费者会核算汽车消费的总成本。例如,由于电动车安全事故的可见度、关注度更高,保险公司常收取更高的保费。而且,一旦发生安全事故,或有成本(即可能要付出的代价)极大。一旦将这些成本全面计入,所谓的性价比优势就会大打折扣。因此,顾客为什么要放弃一个非常确定的成熟产品,转投一个性价比优势不明显的新产品?

第九章
组织变革：分享创新红利，激活内部创新

因此，成功的企业不太可能敲锣打鼓地开天下之先，实施模块化创新。所以，喊出"自我颠覆"口号者并不罕见，能真正落实到行动的却是少之又少。当自我颠覆已不可避免时，企业也希望尽可能平滑地推进转型，而非搞休克疗法。

试想，假如通用汽车在推出 EV1 的 20 世纪 90 年代就下定决心认真研究电池技术，投入大量资源和人力，而非随随便便攒一个研发小组去研发电动车，大概率会成为电动车产业的领航者，电车时代也很可能会提前几年甚至十年到来。但是，燃油车产品线的研发、制造、市场、供应链、石化伙伴们会做何感想？是欣喜异常，还是心生凉意？是大力支持，还是竭力阻挠？为了满足法律和政策的要求，甚至奔着补贴做电车，为了更好地销售燃油车，那没问题，这合情合理，双手赞成；倘若是想着革内燃机引擎的命，那拍板的人请回答："电动车续航的问题怎么解决？性能怎么提升？安全如何保障？市场策略如何？"如果不能给出让人信服的解答，那对不起，"我们不支持！坚决反对！"所以，尽管环保主义者极力贬损通用汽车，但它的做法倒是中规中矩的。假如研制电动车的提议来自一线，科层制中的各个节点，不管是产品、技术、设计，还是销售、财务；是工人，还是供应商，都会投出反对票，因为它是与整个价值网络为敌。

几乎不可能的重新发明

重新发明型创新，集新组件科技、新功能结构、新物理联结、性能飞跃于一体，是发明型创新和模块化创新的结合。它就像创新王国的王冠，既需要大量的投入，也需要杰出的大脑；不仅需要工程师的奇思妙想，也需要外交家一样的才干，去拉拢战略同盟支持自己、协同自己共创伟业。科层制在应对这两类创新时的无力和反对，会一齐爆发。因此，大企业很少会重新发明自家产品。

激活内部创新三部曲

那么，大企业破解创新失灵的出路在哪里？第一，要创新。了解创新者为什么创新，确立真正支持、鼓励创新者的文化；第二，能创新。破除一切阻碍创新的体制、机制，让想创新的人能甩开膀子行动起来；第三，会创新。帮助创新者，赋能创新者，提升创新的成功率。

要创新：企业文化真正包容创新者

欲在企业内部实现常态化的非渐进式创新，首先要全面了解创新者的动机。约瑟夫·熊彼特在一百多年前就发现，虽然不乏创新者追求享乐主义，但这一动机既不必要，更不充分，比起生活上的富足甚至奢靡，另三种动机更强大、更持久。

首先，"存在有一种梦想和意志，要去找到一个私人王国，常常也是（虽然不一定是）一个王朝。"这无疑是一个譬喻，因为"现代世界实际上并不知道有任何这样的地位，但是工业上或商业上的成功，可以达到的地位仍然是现代人可以企及的、最接近于中世纪的封建贵族领主的地位"，本质上是"权力和独立的感觉"。虽然只是一种感觉，但"对于没有其他机会获得社会名望的人来说，它的引诱力是特别强烈的"。

第九章
组织变革：分享创新红利，激活内部创新

其次，"存在有征服的意志：战斗的冲动，证明自己比别人优越的冲动，求得成功不是为了成功的果实，而是为了成功本身。"尽管征服者、优胜者获得的报酬与奖赏，经常比被征服者、劣后者要多得多，但这些回报不是目的，而是个人成功、优于他人的一种标尺。例如，登上富豪榜的企业家，坐拥的财富量级，即使穷奢极欲，也难以败光，因此，创新者并非为了物质、感官上的快意去创新、工作。但是，通过创新的成果证明自己乃是人中龙凤，使人前倨后恭，既真实，又让人惬意。此外，征服的意志，也是创新者家国情怀的来源。

最后，"存在有创造的欢乐，把事情办成的欢乐，或者只是施展个人的能力和智谋的欢乐。"在熊彼特看来，"寻找困难，为改变而改变，以冒险为乐事"，"是最明白不过地反享乐主义的"，是创新这件事本身带来的。打造出惠泽众人的新产品，与诗人留下流传千古的辞章，音乐家妙手偶得传唱不衰的乐曲，改革家确立百代皆行的制度，如出一辙。

熊彼特的观察和马斯洛的需要层次理论是相通的、彼此映射的：权力和独立、征服的意志，就是典型的自尊需要；创造的欢乐，则是自我实现需要——"一位作曲家必须作曲，一位画家必须绘画，一位诗人必须写诗，否则他始终都无法安静，一个人能够成为什么，他就必须成为什么，他必忠实于他自己的本性"，创新者必须创新，这就是他们的本性。

人们常说，打造创新型企业，需要建立包容试错的文化、机制。其实，仅有容错观念、机制远不足够。如果不能正视、包容、尊重创新者对权力和自由的渴望，强烈的自尊心，胜过他人的优越感，以及创造的欢乐，容错机制充其量只是工具层面的细枝末节而已，并不会发挥多大的作用。

非渐进式创新者常常不见容于科层制，因为容异比容错要难得多。在典型的组织人看来，有些创新者简直就是危险甚至邪恶的异教徒，表现浮夸、

生性顽劣，德行有亏，轻慢规矩，是秩序的破坏者。

多年前，云计算还是"风口"时，我们曾调研一家典型的科层制企业。这家企业论资排辈、冠上履下之风甚重，但为了发展云计算业务，竟然礼贤下士，延请了一位前亚马逊雇员来玉成此事。在访谈时，这位海归的理念与企业文化格格不入。例如，到总部开会，他无视会议室里的其他人，随便找个椅子坐下，发表意见也是直来直往。后来，他被调整为首席科学家，不再全面负责云计算业务。

创新型企业，必须有创新型文化；而创新型文化，首先是创新者的文化，离开了人谈文化，无异于缘木求鱼。而且，创新的类型不同，亚文化的表征也不尽相同。例如，模块化创新者会表现出偏执狂特征，发明型创新者则有点儿书呆子气；结构性创新者显得不务正业，捣鼓的产品低幼、不入流、不正统；重新发明型创新者则吹毛求疵、咄咄逼人、不好相处，市场创新者则不免给人巧言令色、毫无技术含量之感。

打造创新型企业，必须为这些亚文化留出生存空间，视其为企业文化的重要组成部分。这不是说，企业不应该有自己的底线、原则、红线、主流价值观，而是主张，企业文化不能只有一套思维逻辑、一种行为模式、一条路径、一种声音，应当保持一定的模糊性、"灰色地带"，切忌非黑即白。否则，不管企业多么支持试错，除了在渐进式创新上有所突破，都不可能真正长出创新的雨林。

能创新：打造开放、自组织的多元复杂网络

如果说包容创新者的文化是阳光，那么，激励创新的分配机制、支持创新的资源配置制度就是土壤和雨露。在科层制之外，应该有另一套体制机制。

第九章
组织变革：分享创新红利，激活内部创新

注意，不是要彻底捣毁科层制，而是不能只有科层制。任何创新都离不开渐进式创新，而科层制适用于渐进式创新。任何鼓吹去科层制、终结科层制的呼声，都过于激进，因为效率迟早要成为竞争的基石。

适宜非渐进式创新的体系，应具有以下特征：

1. **开放**。包括两个层次的开放，第一个层次，研发者和市场营销人员可以随时直接对话，而不是彼此区隔，或者只有获得高层的准许才能一起探讨问题；第二个层次，企业外的利益相关者可以跨越企业的围墙，参与到创新项目中来。不应该，也不必要，再把创新项目捂得严严实实。这样做固然保守了商业机密，但也失去了早到市场试水、跨界共创的机会。

2. **自组织**。看好新概念、产品原型、创新项目前景的人，可以自组织起来。第一，人员在企业内部有流动的自由。想全职加入创新团队的，可以顺利、高效脱离原岗位；暂时兼职，也可以正大光明地参与其中。第二，在合规合法的前提下，资源流动、聚合是无障碍的。例如，加盟新团队的员工可以带资进组，其他人也可投资，正所谓"千言万语的支持与赞美，不如买上一股"。第三，团队的治理应比较规范。自组织团队须享有企业家权力，即像一家独立的公司一样运营，在人事、财务、业务、分配等各个层面有事务自主权，分享创新红利，可获得期权、分红等。这不是说，团队可以为所欲为或放任自流，企业以投资人的角色参与治理，影响决策的方式是谈判和协议规定的表决权，在董事会和战略层面督导，而非上下级式的管理。当然，创新者也需承担失败的风险。

3. **多元复杂网络**。自组织团队为什么不到企业外独立创业，是打造创新型企业必须回答的课题。企业可搭建涵盖资源、能力、知识、顾客的多元复杂网络，使创新者不必事事都从零做起。为什么硅谷能生生不息、活力十足？因为它的创业创新要素非常完备，"据统计，这里有 10 所大学，40 家公立

和私立的研发中心，180家的风险投资机构，八千多家百人以上的新创企业，八千多家新兴高科技企业，近五千家的法律、会计等商业服务公司，329家职业介绍所，700家商业银行和47家投资银行，还有很多硅谷企业家、早餐会等"。完整成熟的创新创业生态网，使创新失败的成本最小化，重新来过的概率最大化，从而使新组合此起彼伏，生生不息。企业可从中获得启发与借鉴，营造出适合创新生长的环境。

4. 有序竞争的规则体系。创新的雨林不应是残酷的丛林社会，不应有太多"非创造性破坏"；竞争应该是有度、有序、文明的。如是，创新型企业才既有活力，又有规矩，不会因为内耗而多输多败。毕竟，内部竞争不是目的，而是手段，真正重要的是为企业找到未来的新战略，在企业需要更换增长引擎时，能以最小的代价、最小的颠簸实现战略转型。

会创新：服务创新者，赋能创新者

创新是九死一生之事，很少人是"天选"创新人，尤其是年轻的创业者，社会阅历相对不足，识见不够，不免执着到固执己见，偏执到唯我独尊。为了提升创新的成功率，企业的职能部门、业务单元相关人士、高管，当为内部创新者提供服务、支撑和赋能。

1. 教练。范围包括领导力、管理技能、思维方式、自我觉知、战略复盘、知人善任等。这项服务，最好由企业高管、资深人士担当，也可请外部专业教练出任。教练服务，既要传道授业解惑，是为"教"，又要陪着"练"，使内部创新者真正掌握相关理念、技能，达到知行合一；教练输出的，不是命令，而是导引；不是授之以鱼，而是授之以渔。

2. 咨询。与市场上的咨询服务不同，内部咨询不必提出详尽、完备的方案，相关部门的资深专家，类似于古代军中的谋士，可就具体的问题提出意见，指明方向。与其说是咨询顾问，不如说是头脑风暴参与者。

3. "蓝军"。创新的本质是新事物创造性破坏旧事物，有破坏，就有反破坏。创新者须对反破坏者的优势、劣势、策略有全面、准确的认识。成熟业务的负责人可和创新者互为"蓝军"，推演沙盘，使双方都能准备得更充分，也更强大。

4. 预警。如果创新团队的重大决策存在极大的风险而不自知，企业管理者当及时出手，防患于未然，不能等到火光冲天之时，再当收拾残局的救火队员。

5. 背书。企业所拥有的地位、声誉、实力，可为内部创新团队开展业务提供强大背书，助其赢得客户、供应商、金融机构、地方政府等利益攸关方的支持。

6. 引荐。由企业高管带领、推荐，助创新者进入高端圈层。尽管这也是一种背书，但与信誉背书有微妙的区别，因为社会资本的取得比经济资源的获得更复杂。

7. 管理。企业管理人员直接下场，成为创新项目的"执行董事"，分工管理创新者不擅长、也不愿意管理的内容，如政府事务、公共关系就非一般年轻人可以应付。

8. 职能。在数字化浪潮下，不少公司大刀阔斧推进组织变革，将职能部门转型为专业服务机构，融控制和服务为一体。诸如财务、品牌公关、工厂、研发、市场调查、战略、IT等职能，借鉴人力资源"三支柱"——专家中心（COE）、业务伙伴（BP）、共享服务中心（SSC）——模式，更好地服务而非管理业务部门。这些专业服务也可服务创新团队。

生态型企业的四个多样化

因应复杂多变的经营环境，成为企业日益紧迫的挑战。生态化，打造生态型企业，似乎成了众口一词的对策。

生态化，业务必然多元化。事实上，成规模的企业很少只有一种业务。不相关多元化，以做大规模、分散风险为目的；相关多元化，意在实现范围经济，使生产的总投入最经济。生态化，是以情境为供给单元，将原本彼此相隔的行业关联起来，实现"两个范围经济"：厂商的范围经济和顾客的范围经济。零售就是典型的需求范围经济：努力引入更多的品类，同一品类覆盖不同价位和不同品牌，顾客因此可以少搜索、少走路、少转场，一次购齐所需，使购物的综合成本效率最优。

因此，生态型企业的创新着力点有：第一，聚焦情境，实现全情境供给；第二，发挥优势，做强情境中的基础设施、关键角色，引入、整合第三方供给伙伴；第三，确保顾客需求满足在情境中实现流畅、高效的闭环，认知、交易、关系、配套等纵向横向一体化。

生态型企业的创新，应展现出"四个多样化"：创新类型多样化、创新者多样化、破坏与反破坏的多样化、创新的组织形式多样化。不难发现，这四个多样化在本质上是一回事，因为不同类型的创新要求不一样的创新者、不同的组织方式，也意味着不一样的创造性破坏与反破坏。但是，只有同时观察到这四个多样化时，企业才真正充满活力、张力，才算建成了生态型企业。

如果企业的各项业务都在抓发明型创新，一是资源、能力分散、严重不足，还表明企业缺乏主轴，生态尚无根基、底座。二是所有业务均无改良空间，主营业务面临较大风险，一旦重新发明型创新光降，企业会有灭顶之灾。如果所有业务只有渐进式创新，一方面表明主营业务正在上升通道奔跑，另

第九章
组织变革：分享创新红利，激活内部创新

一方面也意味着业务边界逐渐成形，生态有陷入自循环的风险。如果各条业务都在搞结构性创新、市场创新，"一则以喜，一则以忧"，喜的是都在开疆拓土，忧的是多数业务的利润较薄，在市场中的地位偏低，创新缺乏资源，会有相当的混乱和低迷。如果随处可见模块化创新、重新发明型创新，资源、能力的争夺会很激烈，同时失败也是十有八九之事。

因此，生态型企业的创新多样化，最好是这种状态：中心业务加速推进渐进式创新，发明型创新在探索未知之境，市场创新、结构性创新开疆拓土，"蓝军"在琢磨"换芯"和重新发明。主流市场有自己的坚持，市场边缘则乐此不疲地摆弄"丑小鸭"，各安其位；有人对巨变论不屑一顾，也有人察觉到了10倍速变化的征兆，并迅速行动；有人偏执地想替代旧的核心组件，也有人想创造新的品类；有人看到了市场知识的更新，也有人看到了繁荣背后的泡沫……在生态型企业中，主营业务不是创新生态唯我独尊、一言九鼎的统治者、监管者，而是魅力型领导者，有自己的实力和地位，却不强人所难，更不会打压"异端"，而是与其他业务共生共舞。

四个多样化，意味着企业的产品和服务处在不同的生命周期。如此，才能"江山代有才人出"，"病树前头万木春"，生态也才能生生不息。如果一家企业的组织只有科层制，成不了生态；完全排斥科层制，不免会混乱与无效。无论什么组织形式，企业都需要基础盘、压舱石，必须有主轴和中心。因此，多样化是路径，而不是目的，因为真正的目的，是培育未来的核心业务。

第十章

创新者的执念

如果存在完美的创新者，会是怎样一个人？

认真调查、分析顾客所处的情境，理解情境赋予顾客的任务，厘清情境施加的限制，同时删繁就简，悟得其中的需求"规律"；知识储备宽泛，学习敏捷；不落窠臼、创意达人，重新组合生产要素时，有如缪斯附体；打磨产品精益求精、不厌其烦；坚毅试错、无畏前行；说服顾客一语中的，保守的顾客亦如醍醐灌顶；追随者趋之若鹜，意欲联盟者排成长龙；面对公众谦卑下问，优雅得体；平衡所有利益攸关方的利益，使大家各取所需、各得其所；虽然是胜利者，却给失败者以尊严、体面；富有社会责任感……

可是，创新者也是人，人无完人，因此，世上根本没有完美的创新者。事实上，创新的破坏本质，加上高自尊需求、高自我实现需求、高权力需求，会发酵出种种执念。这些执念，既能成就创新，也能异化甚至毁灭创新者。

第十章
创新者的执念

一门心思打败"老大哥"

以小博大、以弱胜强是恒久不衰的英雄故事,激励创新者挑战巨头,"拼得一身剐,敢把皇帝拉下马。"大概每一位志存高远的创新者心中,都有颠覆某个行业巨头的意图与愿景。而且,发明型创新、结构性创新、重新发明型创新以及部分市场创新也的确有这样的威力。

重新发明型创新尤其如此,但必须以10倍速变化为前提,不仅考验创新者当下能调动多少资源、能力,还要看将来能驾驭什么样的局面,能否应对在位企业的激烈反抗,因此,对创新者的能力、资源有较高的要求。发明型创新、破坏性创新也有釜底抽薪的功效,缺点是进展比较缓慢,切不可操切,否则,欲速则不达。部分市场创新,如与顾客的新沟通,的确可以力压对手,但攻得下,不等于守得住。但是,渐进式创新、模块化创新不足以担此大任。因此,如果非要和行业老大哥争个高下,就要确保策略、资源、能力、心态与机会的属性是契合匹配的。

高度聚焦特定的对手有很大的副作用。一方面,会不自觉地接受巨头设定的游戏规则,对标既有的产品结构与性能参数,本质上在实施赶超策略和渐进式创新。然而,当主导性设计的地位确立之后,试图以更好的产品打败在位的领先企业,胜算不大。另一方面,会忽略扩展边界的结构性创新机遇。小型计算机的开拓者DEC原本可以梅开二度,成为微型计算机的急先锋,但是,创始人肯尼斯·奥尔森(Kenneth Olsen)热衷于与IBM一较高下,所以始终把计算机定位为一种工业品,对公司内研发个人的微型计算机高低看不上,横竖不重视，错过了真正超越 IBM 的大好机会。

因此，创新者也许应当"不求惊天动地，诸如，掀起一场产业革命，或创造一个亿万资产的生意，或一夜之间成为巨富"，因为"有这种夸张而空泛、急于求成想法的企业家，几乎注定要失败，几乎注定会干错事、走错路"。踏踏实实地解决人们面临的问题，提升人们在具体情境中完成特定任务的效能，使新发明、好的产品惠及更多人，全面更新一种成熟产品，才是正途。

言必称颠覆

创新者以颠覆者自居并不出格。把颠覆大计埋在心底，落实在行动中，与公开场合挑衅大企业、言必称颠覆，虽然相关，却并非一回事。寻衅式的公开表达，固然有营销的效果，还能打造个人品牌、激发团队士气，但是，有三类创新，宜低调行事。

第一，发明型创新。首先，新发明是问题导向的，而非颠覆驱动的。集装箱的发明，不是为了抢码头工人的饭碗，而是为了解决货物装船的低效和高成本；发明蒸汽机，不是为了打击马匹经营者的嚣张气焰，而是为了解决煤矿的抽水难题；电子计算机的诞生，不是看人工计算员不顺眼，而是客户亟须更高效的计算。其次，变新发明为发明型创新的旅程，有两个艰巨的挑战：一是关键性修正，消除新发明的缺陷，彰显对竞争性方案的显著优势；二是找到真正的用武之地。换句话说，发明型创新真正要颠覆的对象，一开始可能是深藏不露的，过早锚定一个破坏对象，有如行百里者止于十里之亭。

第二，结构性创新。创新者和在位企业间的八类不对称，是创新者能从容试错、建立根据地的前提。高调地刺激在位企业，实际上是在提醒后者尽早认识到威胁，尽快反击。而且，三条路径中，蓝海战略和开辟式创新并不具有通常意义上的破坏性，即不会导致在位企业退出市场。大众交响乐虽然在规模上大获成功，但经典交响乐经营者也许无意以量取胜，会发自心底的认为这样的"创新"没有艺术上的成就；微保险虽然开辟了欠发达地区的穷人市场，但与传统保险公司不是对手，而是合作关系。

第三，市场创新。由于产品很少有实质性改变，因此，市场创新很难对主流企业造成毁灭性打击。夸张的叫阵式表达，会显得滑稽和不自量力，还可能成为反噬自己的隐患。例如，通过市场创新滚出来的雪球，很可能因为产品质量缺陷、非理性需求的流变而迅速化为乌有。

渐进式创新（尤其是对抗赛阶段）、重新发明型创新、模块化创新，否定性对标和全面踩踏对手，是创造性破坏策略的一部分，应精心谋划，而非随意表达；要力图一语中的，而不是像小孩吵架一样聒噪。

"我创造，故我在"

创造的欢乐是创新者的动机之一。一些积极心理学家研究发现，创造力能够带来"心流"体验，"有明确的目标；行动得到即时的反馈；存在挑战和技能的平衡；行动与意识相融合；不会受到干扰；不担心失败；自我意识消失；遗忘时间；活动本身即目的。"一些创新者忆起顿悟、豁然开朗的那一刻，即使已成过往，幸福感、激动、兴奋仍溢于言表，两眼里闪现出光芒。

但是，创造性绝不是创新的全部。诚如托马斯·爱迪生所言，"天才就是1%

的灵感和99%的汗水。"这1%很重要，没有它，99%很可能只是苦干、硬干甚至蛮干、傻干。反过来讲，没有99%的汗水，1%的灵感也不过只是聪明的创意而已。因此，创新是这样一个过程：用99%的汗水去先悟到、再实现1%的灵感。相对于1%的欢乐和心流体验，99%的汗水就没那么多欢乐了。彼得·德鲁克观察到，"发明和创造也不像一般人所认为的那样，充满着浪漫色彩，'灵光乍现'也是非常少见的。更糟糕的是，我所知道的灵光乍现还没有一个转变为创新，它们只是一直停留在聪明的创意阶段。"这也正是很多聪明、充满创意的大脑在市场上只打了仨瓜俩枣的原因。他们热衷于创造，却不想干简单、平凡甚至枯燥的工作，去把创意变成产品和市场成果。

因此，创新者不能把创新和创造等同起来，还要做好出汗的准备。1928年，内科医生亚历山大·弗莱明（Alexander Fleming）在做抗菌剂的研究。一天，他注意到，霉菌杀死了培养皿里的一些细菌。尽管样本已循例扔进了医药垃圾桶，但弗莱明觉得很有意思，在与同事交谈之后，从垃圾桶里取回了样本，"然后问自己，这个霉菌是否可以用来杀死人体中的破坏性细菌。"这个小小的发问改变了历史——青霉素诞生了。然而，为了将青霉素用于临床治疗，他又花费了14年时间。

宜家家居早期出售、配送的家具是成品，而非一堆组件。有一天，一位工人在配送一张桌子时，为避免在运输过程中碰坏桌子，将桌腿卸了下来，以便装进小汽车里。这个不经意的动作，为顾客和宜家公司都节省了成本，后来演化为卖平板包装家具的新模式，改变了宜家甚至整个家具行业。但是，宜家真正建立起这个模式，用了15年时间。

在另一些创新案例中，灵感的角色并不突出，似乎只是汗水的独角戏。从1979年开始，历经4年，打造了5127个气旋吸尘器手工原型，詹姆斯·戴森才最终实现预期，"有效吸附0.5微米灰尘的效果，而人类头发的直径为

第十章
创新者的执念

50～100 微米，同时尽可能少地消耗能量"。戴森没有像阿基米德发现浮力原理时大喊着"我发现了"一样，反而感到有些沮丧，因为"答案在于多次的失败。一天又一天，我顶着巨大的压力"。

在战争中，真正用于战斗的时间其实很短暂。交战双方的大多数时间，都花在训练士兵、研究战术、生产军需、制造武器、深挖战壕这些缺乏创意的工作上。创新的破坏与反破坏之争也是如此。真正决定成败的，是灵感，也不是灵感，灵感的确打开了全新的视野。但是，灵感很容易被学习、模仿甚至抄袭，真正能建立竞争优势的是汗水和付出，顾客也绝不是为灵感买单，而是购买实实在在的顾客价值。因此，创新者固然离不开缪斯的垂青，更要把努力实干、苦干、硬干当成创新的重要组成部分。

将创造性等同于创新会陷入产品中心主义的误区：热情澎湃地设计、制造市场中多数顾客并不需要的功能、产品，"一个看似伟大的创新，结果可能除了技术精湛以外什么也不是；而一个普通智慧的创新，反而可能演变成惊人且获利颇丰的事业。"小米公司创始人雷军就曾遭遇类似的情形。在微机的 DOS 时代，金山软件出品的 WPS 在国内非常流行。但是，一旦微软携 Office 软件进入中国市场，WPS 将面临极大隐忧。1992 年，金山决定研发"盘古"办公系统（Pango Office），因应即将到来的挑战。项目历时三年，于 1995 年 4 月发布。意外的是，盘古的销量仅为预期的 10%，更糟糕的是，WPS 也逐渐卖不动了，收入锐减，企业走到了生死关头。时年 26 岁的雷军搞不懂，"金山这样的金字招牌，盘古这么好的产品，怎么可能卖不动呢？"于是，他去中关村电子市场站店，想知道顾客为什么不买盘古。通过一周的站店，他发现，不少顾客想要一个电脑入门的软件。尽管与盘古相比，这类软件没有什么技术含量，但处在生死关头的金山还是开发了"电脑入门"，没想到这样一个低技术的软件产品大获成功。

融资就是胜利

创新者获得融资是业界的大新闻。因为融资表明,创新项目和团队赢得了一群精于计算的聪明人真金白银的认可和加持。所以,在一定程度上,融资就是胜利!

但是,资本的青睐与市场的接纳并不能画等号。因为投资者通常基于九败一胜原则在撒钱,投十个项目,只要有一个成功了,就能覆盖另九个项目的亏损。

创新者务必牢记"好钱坏钱理论"的洞察。"通常只有少数幸运的企业在一开始就能找到最终将其引向成功的战略","在所有最后能够成功的企业中,有93%因为最初的策略行不通只好放弃。"换句话说,"成功的企业并非一开始就照着正确的策略推进才成功的,而是最初策略失败之后,还有多余的钱可以尝试其他做法。反之,大多数失败的企业一开始就把所有的钱投注在最初的战略上,就像把所有鸡蛋放在一个篮子里一样,当发现策略错误时,已无法挽救或重新开始。"因此,尚不能确定策略是否奏效时,"必须耐心等候公司(项目)成长,同时把目光放在获利上。如此一来,就可以用最少的资金找到一个可行的策略,不至于花了很多钱才知道走错了路。在这种情况下投入的钱就是'好钱'……如果投入资金之后,急于看到成长而非获利,则是'坏钱'。"

20世纪60年代,日本本田公司意图利用成本优势挤进美国摩托车市场,策略是"生产可以与对手(如哈雷·戴维森等公司)匹敌的摩托车,然后以相当低的价格来销售"。这一策略实施了好几年,本田的销量仍非常有限,远不及预期。原因有两个,一方面,低价和低端相联系,美国主流的摩托车消费者视本田为低端货;另一方面,本田的摩托车产品有缺陷——漏油,而

第十章
创新者的执念

美国的经销商又无力维修,只能漂洋过海运回日本本土维修,来来回回的折腾,总成本和顾客满意度就不言自明了。

与此同时,本田还将在日本市场畅销的小型摩托车——"超级小幼兽"运到美国,用于员工代步,而非出售。本田决策者认为,美国人不会购买这样的跑腿工具。但是,有人对超级小幼兽感兴趣,并委托工作人员向本田本部下单,西尔斯公司也将其纳入了销售目录。然而,本田决策者的心思仍在大摩托车战略上,所以并未当回事。不过,随着本田美国公司的现金日渐枯竭,决策者不得不允许销售超级小幼兽来维持生计。在这个过程中,本田重新校准了目标市场,不再瞄准摩托车发烧友,定的价格仅为大型哈雷摩托车成本价的1/4,在当时的主流市场之外开辟了新市场,扩展了摩托车的客群和用途。

假如本田公司为美国市场预备了丰厚的资金,或获得了风投的支持,它会怎么做?大量的广告,请明星代言,提升形象,投入更多研发资源、人力,解决质量问题,设计具有差异化的产品等。从长期来看,这是对的。可是,要多久、要耗费多少钱才能摆脱低端的标签,却是未知之数,本田能不能支撑到临界点到来之前?如果不能,这些努力就会竹篮打水一场空。此时,充裕的资金是不折不扣的"坏钱"。

普通人快速变富很可能展现出暴发户心态,企业则可能染上"融资成功综合征"。坏钱之坏,一是会破坏创新者继续探索的动机,给不尊重市场以底气,为执念装上隐形的翅膀。我们观察到,获得融资的公司总是希望尽快再融资,因为花钱的速度越来越快,自我质疑也越来越少,对业绩不达预期的归因也越来越简单——钱太少、资源不足、人力不够,所以,对策是融更多的钱,投入更多的资源,招聘更优秀的人才。二是,提前与破坏对象正面对抗。例如,融资后的创新者,抛头露面的次数多了,新闻也多了,对在位企业的调侃甚至攻讦也冒出来了。

非高端，不创新

有些创新者对顾客特质有独特的偏好——高端的，才是厉害的。高端有两层含义，一是价格高，利润也高；二是技术先进，功能完善，性能领先，设计精美。

高端为工程技术人员看重，因为它意味着壁垒，胜过他人，还极具挑战，充满了创造的欢乐。而且，买不起也用不着的普通民众也喜欢谈论核心科技、先进科技，仰望其中的佼佼者。

创新者有这样的偏好无可厚非，但是，一是高端不等于伟大；二是执念高端，有可能错过大的机会。造纸术为中国古代四大发明之一，重要性是不言而喻的。然而，造纸术的诞生，却与伟大无关。在棉花传入中国之前，人们用丝绵填充衣服间御寒过冬。所以，西周初年便有了专治生丝、生帛的"巾荒氏"。而下层民众买不起丝绵，只能寻找廉价的御寒之物。工匠便将治丝工艺扩展用途，先是用来加工陈絮破茧，制成次等丝绵；再次一等，加工麻类植物纤维。其中的"漂絮""练丝"成为造纸工艺的源头。所谓漂絮，是"将恶茧用草木灰水蒸煮浸泡数日，脱去胶质，再剥开漂洗，边洗边捶打，用竹筐在水中漂洗打捞，其目的是得到棉絮。它提供了脱胶、捶打、成浆、在帘状物上沉淀为薄片的一整套工艺"。在制作麻织物过程中，沉淀在竹筐上的麻物薄片，便是最早的纸，强度较丝渣高。因此，纸的最初用途并非书写，而是御寒，或作防震的填料。例如，有研究者推断，西汉灞桥纸有麻布压出的布纹，系包装三旋钮铜镜所用。待人们发现此物可做书写之用后，便逐渐传播开来。当然，作为书写材料的主角，是在蔡伦改进造纸术之后。

将高端产品普惠化，是极高的挑战，不乏创造的乐趣，有极大的社会价值——促进知识的普及与传承。创新优势的本质是知识优势，产品化既是将

第十章
创新者的执念

其变现，也使知识"飞入寻常百姓家"。如果一种创新的受益范围有限，有可能被极端的社会变革过程完全损毁，使后人无暇得见。研究表明，"中国历史上技术失传的例子比比皆是，而且是令人吃惊的。中国传统技术水平发展随着王朝周期性崩溃而呈现出周期性的振荡。一个突出的例子是纺织机械。早在宋代，我国就发明了三十二锭畜力和水力大纺机，其产量是小纺车的30～50倍。据记载，大纺车'昼夜纺织百斤，不劳而毕，可代女工兼倍省'。西方一直到工业革命才出现类似的纺织机器，但它是工业革命一系列技术转移和发展中的一环。而中国却不是这样，随着大一统王朝的崩溃，商品经济受到摧残，这些发达的技术也会受到致命的打击。"如果这些技术以产品的形式广为存在，或可降低失传的概率，使知识在连续的过程中不断突破更新，而不必一次又一次地从头来过。

原创才是创新

"只有生产要素的第一次组合才是一种特殊的行动。如果是在经营企业的进程中去组合时，那就只是例行的工作。"这个溯自J.B.萨伊的定义，区分了创新与日常运营，原创与模仿，以及创新者与普通生意人。

然而，部分创新者，眼里只有"第一次组合"，却对"生产要素"四个字视而不见。因此，似乎只有产品概念的顿悟、技术突破时的茅塞顿开那一瞬间才算得上创新，其他时刻不过是例行工作；生产相同或类似产品者，不仅不是创新，反而是创新的对立面——模仿甚至抄袭了。

这种观念，固然有保护原创、尊重知识产权的积极一面，但也会误导创新者，因为它假定市场需求是显而易见的，是均匀同一的。这当然不是事实，市场需求的知识既隐秘，又复杂，绝不是露天金矿。看见产品层面有前无古人的原创，就认为顾客当望风而靡，既幼稚，又危险，极具原创性的新发明化作流星一闪而过的案例不胜枚举，谷歌眼镜便是之一。

漠视、轻视市场知识，将市场需求视为沙滩上的贝壳，会导致一种倾向，对创新者、企业家分个贵贱贤愚。有一位知名的经济学家，自称研究了三十几年企业家，将企业家分为套利型和创新型两种。前一种是在市场供需不均衡时，将"低垂的果实"复制到一个新市场，即生产其他市场已有的产品来赚钱，后一种则是创造新产品的企业家。不难看出，套利型企业家的段位，比创新型企业家要低，甚至低得多。然而，仅以产品是否出新来判断企业家高下的做法，一是将企业家和纯粹的生意人、企业主混为一谈，因为纯粹的复制不是创新；二是将企业家分为发明家和非发明家，也即将发明等于创新，是完全错误的。

亨利·福特并没有发明汽车，只是早期的从业者之一。在决定只生产T型车之前，他已设计了八种车型（A型车、B型车、C型车、F型车、N型车、R型车、S型车和K型车），"T型车的所有部分，在以前的这种或那种车型里都已经有了，而且其每一个细节都经过实践的检验。"因此，按这位专家的高论，亨利·福特生产T型车不过是一种套利行为。可是，谁又能否认，这位套利者竟然做出了重大贡献。之所以会产生这样的谬论，是因为以事后诸葛亮的视角来看待新市场，似乎新市场早已经100%存在。但是，当福特决定为普通人造车时，大众市场并不存在，"20世纪的最初几年里，美国的平民百姓很憎恨汽车，认为它象征着自命不凡的有钱人和干活儿的穷人之间令人不快的鸿沟。当时，差不多100万人中只有1个人能买得起汽车。"

因此，无论是企业、创新者，还是社会、政府，都应该重视、尊重、保护原创、

第十章
创新者的执念

知识产权,但不宜将第一次组合界定得太过狭窄。事实上,应该秉持这样的态度,即只要组合中有一个要素是新的,或要素虽旧、但结构维新,就是不折不扣的创新。这也是为什么德鲁克要大力褒扬向因纽特人销售了电冰箱的销售员,"就好像他发明了一种全新的生产过程或新产品一样,是一位创新者。"

围绕某个产品的第一次新组合,不可能是一次性的,而是一场接力赛式的马拉松,与市场知识的挖掘紧密相关。大多数产品层面的更新,都是市场知识驱动的。"需求是发明之母",新发明的出现,具体情境的特定需求有牵引之功。新发明的产品化、商品化,没有市场知识,尤其是对异质客群的深入探究,是不可能实现的。渐进式创新,也不是无的放矢,而是基于对顾客的进一步研究。市场创新当然也是如此。结构性创新,在产品、技术层面的推陈出新比新发明要少得多,重要性有过之而无不及,例如,没有个人计算机的诞生,就没有今天的互联网世界。重新发明型创新之所以攻势凌厉,正是因为它颠覆了顾客对一种习以为常产品的认知。

因此,即使在产品设计上照搬照抄,也不意味着就丧失了创新的资格,更不意味着可以不再进行新组合。对原创观念的偏狭理解和过于执着,会妨碍创新者"熟悉人类在各种领域的优秀成果,尝试把它们运用到工作里"。毕加索的"拙工抄,巧匠盗",和"学我者生,似我者死"异曲同工,纯粹的抄袭、复制,不仅如邯郸学步、东施效颦般可笑,还弱不禁风,与创新者对抗时失败在旋踵之间。例如,为什么eBay、亚马逊等成功的企业在中国市场不敌本土企业?正是因为它们简单地将"低垂的果实"复制到一个新的市场之中。

在供需范式的试验期,偏激的原创观,不但使创新者堕入斤斤计较的境地,也为学习、借鉴对手的成果自我设限,就像在主导性设计的竞赛中自动弃权一样;确立期,无视市场的知识的新特征、新要素,相当于将市场拱手让出。

乔布斯推出前几代 iPhone 时，对 3.5 寸屏的设计有独特的见解——适合单手操作。可是，当互联网连接器这一角色越来越强大时，人们就是需要更大的屏幕，毫不介意双手操作。试想，假如苹果一意孤行，唯一的成效恐怕只是让它的对手从梦中笑醒。

此外，原创未必就是好的，就是有价值的。历史学家威尔·杜兰特梳理观念的历史后发现，"智力是历史中的一种重要力量，但也可以成为分裂与破坏的力量。每 100 种新的思路，其中至少 99 种，可能连它们试图去取代的那些旧传统都不如。"这一洞察与供需范式试验期的淘汰赛是高度吻合的，不管是产品的组件科技、物理联结，还是功能结构、产品概念，都存在大量原创的想法和主张，但其中的多数都不足以成势，会被市场抛弃。

"理性的白痴"与创新功利化

无视社会生活中人的动机、社会联系和追求的多样性，一心一意追求私利的人，被诺贝尔经济学奖得主阿玛蒂亚·森称为"理性的白痴"。

功利主义者通常很聪明，努力学习，掌握很多知识、技术、技巧，在理性中透着冷酷，阳谋套着阴谋，计算混着算计；一举一动都有目的，一言一行皆有意图；强于我者是阶梯，比我弱者是筹码；数字是唯一的标尺，兴奋在于棋逢对手；心中若生畏惧，通常不是源自对错，而是担心风险过甚；失败时只是慨叹时运不佳，念将来定要东山再起。在他们的世界里，所有的回报都可量化、排序，所有的选择都是风险和回报的平衡，而与选择本身是否正确无关。

第十章
创新者的执念

创新也时常成为功利主义者的利器,成为冒牌创新者攫取利益、地位、权力、自尊的超级杠杆。例如,伊丽莎白·霍尔姆斯(Elizabeth Holmes),西拉诺斯公司(Theranos)创办者,巧妙地利用创新的"模式",将自己塑造为"女版乔布斯",不仅受各路媒体热捧,还成功说服一众风险投资家为一项严重名不副实的技术慷慨投资。这项技术声称仅靠一滴血,就能做上百种检查,实现了验血检查服务的性能飞跃。这个骗局持续了十几年才被拆穿。

创新者不应该自我定位为原子化的理性经济人、精致的利己主义者,因为创新不仅关乎权力、自由、胜过他人的优越感,也离不开创造的欢乐。如果没有创造的欢乐,缺乏内在动机,创新就是为别人创新,而不是为自己、为自我实现创新。美国罗彻斯特大学心理学教授爱德华·德西的研究表明,由内在动机驱动的人,表现出活力、奉献、超越,在完成任务时更容易体会到"心流";反之,内在动机被削弱、压抑甚至丧失的人,会陷入"自我卷入"(ego involvement)状态之中。自我卷入的危害颇大:仅靠外在动机支撑的人,会产生适应不良,如损害学习能力、创造力,在需要灵活思维和解决问题的任务上表现较差,妨碍了有效的信息处理,思考问题时变得肤浅,很容易成为情绪的奴隶,倾向于将任何不利于外部奖励的信息都解读为威胁,也更多自恋、焦虑甚至抑郁,社会关系也较差。

"积极心理学之父"马丁·塞利格曼通过大量的研究发现,人的幸福感与五要素(PERMA)密切相关:积极情绪(positive emotion)、投入(engagement)、良好的人际关系(relationship)、意义和目的(meaning and purpose)和成就(accomplishment)。理性白痴型创新者,也许通过专注获得了旁人艳羡的成就,但是,意义在哪里?积极情绪从何而来?正常的人际关系又建立在什么基础之上?

天生万物,自有章法。创新之事,或有其智能,有其生命,并非全然是人的棋子，自有它的高明与奥义。合其道者，不仅赠之财宝富贵、地位声誉，更牵引着走向圆满，感受到人生的意义；仅得其术者，拿创新当提款机、名利场的入门券，它恐怕也是"彼此，彼此"，以其人之道还治其人之身，因为总有技高一筹者，会让幻象戛然而止，回到原点甚至更糟糕的状况。

管理大师詹姆斯·马奇（James March）曾建议，管理者可向塞万提斯笔下的唐·吉诃德学习。"我们可以向他学习什么呢？学习如何看待伟大的行动。"为什么？因为唐·吉诃德揭示了有别于功利主义的伟大之路，他"不关心结果，关心的是成为一个真正的骑士……他坠入爱河，不为别的，只因为他心目中的游侠骑士就是如此"，"伟大的行动并不是因为期待伟大的成果，而是在表态。一个人之所以采取伟大的行动，是因为对他来说，那是适当之举。"因此，每位创新者都要回答"作为人，何谓正确"这个问题，都要直面"我知道我是谁"的诘问。这个问题没有标准答案，只有永恒的追问。不妨加一点唐·吉诃德式的荒诞和滑稽，少一些功利主义的理性。

参考文献

[1][美]克莱顿·克里斯坦森,[美]迈克尔·雷诺,[美]诺伊·麦克唐纳德.什么是破坏性创新？[J/OL].https://hbr.org/2015/12/what-is-disruptive-innovation?，2015-12.

[2]李钊,[美]克莱顿·克里斯坦森."我只有一套理论"[J/OL].https://www.hbr-caijing.com/#/article/detail?id=476072，2014-2-7.

[3][美]瑞贝卡·亨德森,[美]金·克拉克.结构性创新：现有产品技术的重组与现有公司的失败.吴剑锋,王敏.《管理科学季刊》最佳论文集[C].北京：北京大学出版社，2005.

[4][美]约瑟夫·熊彼特.资本主义、社会主义和民主主义[M].绛枫.北京:商务印书馆，1979.

[5][美]亚伯拉罕·马斯洛.动机与人格[M].许金声,程朝翔.北京：华夏出版社，1987.

[6][美]加里·哈默尔,[美]普拉哈拉德.战略意图[J/OL].https://hbr.org/2005/07/strategic-intent，2005-7.

[7]王文鉴.实践与探索——舜宇集团发展之路[M].北京：机械工业出版社，2017.

[8][美]吉姆·柯林斯,[美]杰里·波勒斯.基业长青[M].真如.北京：中信出版社，2006.

[9][美]托马斯·库恩.科学革命的结构[M].金吾伦,胡新和.北京：北京大学出版社，2003.

[10][美]埃德蒙·费尔普斯,[法]莱彻·博吉洛夫,[新加坡]云天德,[冰岛]吉尔维·索伊加.活力[C].郝晓楠.北京：中信出版集团，2021.

[11][美]埃德蒙·费尔普斯.大繁荣：大众创新如何带来国家繁荣[M].余江.北京：中信出版社，2013.

[12][美]威廉·罗森.世界上最强大的思想：蒸汽机、产业革命和创新的故事[M].王兵.北京：中信出版社，2016

[13][英]马丁·坎贝尔-凯利,[美]威廉·阿斯普雷,[美]内森·恩斯门格,[美]杰弗里·约斯特.计算机简史(第三版)[M].蒋楠.北京：人民邮电出版社，2020.

[14][美]彼得·德鲁克.创新与企业家精神[M].蔡文燕.北京：机械工业出版社，2009.

[15][日]野中郁次郎.知识创新型企业[J/OL].https://hbr.org/2007/07/the-knowledge-creating-company，2007-7.

[16][美]迈克尔·斯韦因,[美]保罗·弗赖伯格.硅谷之火：个人计算机的诞生与衰落（第三版）[M].陈少芸，成小留，朱少容.北京：人民邮电出版社，2019.

[17][美]克莱顿·克里斯坦森,[澳]詹姆斯·奥沃斯,[美]凯伦·迪伦.你要如何衡量你的人生[M].丁晓辉.长春：吉林出版集团有限责任公司，2013.

[18][美]克莱顿·克里斯坦森,[美]艾佛萨·奥热莫,[美]凯伦·迪伦.繁荣的悖论[M].陈劲，姜智勇.北京：中信出版集团，2020.

[19][美]亨利·福特.亨利·福特自传：我的生活和事业[M].汝敏.北京：中国城市出版社，2005.

[20][美]克莱顿·克里斯坦森,[美]艾佛萨·奥热莫,[美]凯伦·迪伦.开辟式创新[J].哈佛商业评论（中文版），2019(2):96-106.

[21][美]迈克尔·波特.竞争战略[M].陈小悦.北京：华夏出版社，2004.

[22][美]E·M·罗杰斯.创新的扩散（第五版）[M].唐兴通，郑常青，张延臣.北京：电子工业出版社，2016.

[23][英]马特·里德利.创新的起源[M].王大鹏，张智慧.北京：机械工业出版社，2021.

[24][美]杰克·特劳特，[美]斯蒂夫·瑞维金.新定位[M].李正栓，贾纪芳.北京：中国财政经济出版社，2002.

[25][美]斯科特·普劳斯.决策与判断[M].施俊琦，王星.北京：人民邮电出版社，2011.

[26][美]鲍勃·克林格里.书呆子的胜利[OL].http://tech.sina.com.cn/it/csj/2013-05-08/07388316336.shtml，2013-5-8.

[27][美]彼得·德鲁克.管理：使命、责任、实务[M].王永贵.北京：机械工业出版社，2009.

[28]夏忠毅.为客户服务是华为存在的唯一理由[M].北京：中信出版集团，2022.

[29][美]大卫·卡普兰.英特尔怎样让消费者爱上芯片？[J/OL].https://www.fortunechina.com/management/c/2013-05/17/content_156738.htm，2013-5-17.

[30]韦影.双创背景下如何Hold住创新机遇？德鲁克这样说[OL].https://mp.weixin.qq.com/s/nu1oFNyNC7yQkPdVOXg9Wg，2016-7-20.

[31]王高，张锐.新消费品牌崛起的商业逻辑[J/OL].https://www.hbr-caijing.com/#/article/detail?id=479868，2021-11.

[32]高若瀛，肖璐妍.对话中欧王高：不能用快销逻辑做Z世代的感性生意[OL].https://mp.weixin.qq.com/s/fp942XEAWP-L1ZRr5W81ng，2022-5.

[33]邓德隆，陈奇峰，火华强.再谈王老吉：定位之后如何长大[J].商业

评论，2008（5）：112-122.

[34][美] 罗萨贝思·坎特. 躲开创新的经典陷阱. 时青靖，陈志敏. 大师十论 [C]. 北京：中信出版集团，2015.

[35][美] 杰奥夫雷·G. 帕克，[美] 马歇尔 W. 范·埃尔斯泰恩，[美] 桑基特·保罗·邱达利. 平台革命：改变世界的商业模式 [M]. 志鹏. 北京：机械工业出版社，2017.

[36][韩]W. 钱·金，[美] 勒妮·莫博涅. 蓝海战略：超越产业竞争开创全新市场 [M]. 吉宓. 北京：商务印书馆，2007.

[37][韩]W·钱·金，[美] 勒妮·莫博涅. 蓝海战略家的独特视角：四大锦囊助您赢得客户 [OL].https://mp.weixin.qq.com/s/upVv64cd4hcM_kRhGVLs8Q，2020-12-11.

[38][日] 盛田昭夫，[日] 下村满子. 日本制造：盛田昭夫的日式经营学 [M]. 周征文. 北京：中信出版社，2016.

[39] 日本索尼情报中心. 索尼不传奇 [M]. 史铭. 北京：西苑出版社，2000.

[40][美] 王圣捷. 边缘的数字都市：移民与集约技术 [OL].https://www.triciawang.com/projects/2011/8/31/digital-urbanisms-on-the-margins-chinese-migrants-and-intens.html，2011-8.

[41][美] 提姆·乌尔班. 特斯拉将如何改变世界 [OL].https://waitbutwhy.com/2015/06/how-tesla-will-change-your-life.html，2015-6-2.

[42][美] 安德鲁·葛洛夫. 只有偏执狂才能生存 [M]. 安然. 北京：光明日报出版社，1997.

[43] 骆轶航，张晶. 黑莓没落 [J/OL].https://tech.sina.com.cn/t/2011-08-04/17265883774.shtml，2011-8-14.

[44] 赵苋. 黑莓生死：复兴到一家独大已没有可能 [J/OL].https://finance.sina.com.cn/roll/20120122/220611255505.shtml，2012-1-22.

[45] 沃顿知识在线.RIM 公司身处险境？[OL].http://www.knowledgeatwharton.com.cn/article/2875/，2011-10-12.

[46][美]吉姆·柯林斯，[美]比尔·拉齐尔.卓越基因：从初创到卓越 [M].陈劲，姜智勇.北京：中信出版集团，2022.

[47][美]大卫·伊格曼，[美]安东尼·布兰德.飞奔的物种 [M].杨婧.杭州：浙江教育出版社，2019.

[48][美]约翰·穆尔曼尼（Johann Peter Murmann），朱志静.What Enables a Chinese Firm to Create New-to-the-World Innovations? A Historical Case Study of Intrafirm Coopetition in the Instant Messaging Service Sector[J].Strategy Science，2021，6(4)，265-445.

[49][美]理查德·鲁梅尔特.好战略，坏战略 [M].蒋宗强.北京：中信出版集团，2017.

[50]李茂，施智梁.专访柯达前任董事长兼 CEO 彭安东："减法"转型 [J/OL].https://www.hbr-caijing.com/#/article/detail?id=476154，2014-4.

[51][美]斯科特·安东尼.柯达的倒下与技术无关 [OL].https://hbr.org/2016/07/kodaks-downfall-wasnt-about-technology，2016-7-15.

[52][美]阿伦·拉奥，[美]皮埃罗·斯加鲁菲.硅谷百年史（1900-2013）[M].闫景立，侯爱华.北京：人民邮电出版社，2016.

[53][英]查尔斯·汉迪.第二曲线：跨越"S型曲线"的二次增长 [M].苗青.北京：机械工业出版社，2017.

[54][美]加里·哈默，[美]米歇尔·扎尼尼.终结科层制 [J/OL].https://hbr.org/2018/11/the-end-of-bureaucracy，2018-11.

[55][美] 杰弗瑞·菲佛. 权力：为什么只为某些人所拥有 [M]. 杨洋. 杭州：浙江人民出版社，2015.

[56] 周雪光. 国家治理逻辑与中国官僚体制：一个韦伯理论视角 [J]. 开放时代，2013（03）：5-28.

[57][美] 克莱顿·克里斯坦森，[加] 迈克尔·雷纳. 创新者的解答 [M]. 李瑜偲，林伟，郑欢. 北京：中信出版社，2010.

[58] 罗家德. 复杂思维与成长战略 [OL].https://mp.weixin.qq.com/s/r9UuOR9XuHV7m68JoVoWzA，2018-6-15.

[59][美] 约瑟夫·熊彼特. 经济发展理论 [M]. 何畏，易家详，张军扩，胡和立，叶虎. 北京：商务印书馆，1990.

[60][加] 亨利·明茨伯格. 写给管理者的睡前故事 [M]. 薛香玲，徐二明. 北京：机械工业出版社，2020.

[61][英] 詹姆斯·戴森. 发明：詹姆斯·戴森创造之旅 [M]. 毛大庆. 北京：中国纺织出版社，2022.

[62] 雷军. 穿越人生低谷的感悟 [OL].https://mp.weixin.qq.com/s/7AtuIcic3ubzYAHnkDpONA，2022-8-11.

[63][美] 米哈里·希斯赞特米哈伊. 创造力：心流与创新心理学 [M]. 黄珏苹. 杭州：浙江人民出版社，2015.

[64] 刘青峰，金观涛. 从造纸术的发明看古代重大技术发明的一般模式 [J]. 大自然探索，1985(01):163-170.

[65][美] 哈罗德·埃文斯，[美] 盖尔·巴克兰，[美] 戴维·列菲. 美国创新史 [M]. 倪波，蒲定东，高华斌，玉书. 北京：中信出版社，2011.

[66][美] 威尔·杜兰特，[美] 阿里尔·杜兰特. 历史的教训 [M]. 倪玉平，张闶. 北京：中国方正出版社，2015.

[67][美]马丁·塞利格曼.持续的幸福[M].赵昱鲲.杭州：浙江人民出版社，2012.

[68][印]阿马蒂亚·森.身份与暴力——命运的幻象[M].李风华.北京：中国人民大学出版社，2009.

[69][美]爱德华·L.德西,[美]理查德·弗拉斯特.内在动机[M].王正林.北京：机械工业出版社，2020.

[70][美]詹姆斯·马奇.马奇论管理：真理、美、正义和学问[C].丁丹.北京：东方出版社，2010.